Denis Diderot

Paradoxo Sobre o Comediante

Denis Diderot

Paradoxo Sobre o Comediante

TEXTO INTEGRAL

Tradução
Antonio Geraldo da Silva

escala

Av. Profª Ida Kolb, 551 – Casa Verde
CEP 02518-000 – São Paulo – SP
Tel.: (11) 3855-2100
Fax: (11) 3857-9643
Internet: www.escala.com.br
E-mail: escala@escala.com.br
Caixa Postal: 16.381
CEP 02599-970 – São Paulo – SP

Diderot
Paradoxo Sobre o Comediante
Título Original Francês
Paradoxe Sur Le Comédien

Diagramação: Andrea Domingues de Oliveira
Revisão: Denise Silva Rocha Costa e
Maria Nazaré de Souza Lima Baracho
Capa: Giliard Andrade
Colaborador: Luciano Oliveira Dias
Coordenação Editorial: Ciro Mioranza

ÍNDICE

Apresentação - .... - 6
Vida e Obras do Autor - .... -11
Paradoxo Sobre o Comediante - .... - 15
Apêndice - Cartas à Senhora Jodin - .... - 87

Apresentação

Escrita no final do século XVIII, *Paradoxo sobre o comediante* é uma obra que continua sendo atual. Versando sobre o teatro, o autor expõe suas reflexões a respeito do tema e incita a promover profundas mudanças nessa arte tão antiga, que teve seu auge no mundo ocidental da antiguidade na Grécia. Para ele, os europeus de sua época não só pararam no tempo, como retrocederam e remontaram às formas e aos parâmetros greco-latinos de representar. Conclama, portanto, autores, atores e diretores dos espetáculos a revitalizar essa arte, a inseri-la no imaginário e na realidade do mundo contemporâneo e, mais ainda, a reformular a arte dramática em todos os seus aspectos: na cenografia, na linguagem, no espaço e no desempenho. Em outros termos, unir imaginário e real no palco para o bem da própria arte, para benefício dos espectadores e para sucesso da trama apresentada em cena.

Ao mesmo tempo em que Diderot reivindica um novo teatro, propõe que se deixe morrer as formas teatrais agonizantes, porquanto feitas para uma sociedade antiquada, provindas de uma cultura ultrapassada, baseadas numa retórica mantida artificialmente e, por conseguinte, sem nenhuma energia e força interiores de se renovar e se atualizar. O teatro não necessita tanto de heróis e de mitos como precisa de personagens que espelhem a vida da nova sociedade, calcada nos movimentos sociais, na ascensão do cidadão comum em sua participação na política e na economia, na eclosão de novas formas de pensar e de conviver, ou seja, levar a vida real do homem do campo, do habitante da cidade, do burguês, do político para o palco, em detrimento de tudo o que cheira a mitológico, exclusivamente cômico ou patético. No teatro, interessa muito menos a forma de dizer do que o que se diz, insistia Diderot, tentando ressaltar a fidelidade ao real, o realismo no representar.

"Os atores são homens de raro talento e de uma utilidade real, são pregadores mais eloqüentes da honestidade e das virtudes do que aqueles vestidos de batina e barrete quadrado na cabeça que pregam do alto dos púlpitos", dizia ainda Diderot, evidenciando toda a importância que atribuía às artes cênicas. Mas salientava também que todo ator, toda atriz deve ter alma, ter discernimento, ter sensibilidade, mas esta deve ser administrada, governada e ser expressada na justa medida. Os maiores atores, dotados de todas as qualidades imaginativas, racionais, gestuais, são os menos sensíveis, isto é, são aqueles que sabem sensibilizar sem externar que estão sensibilizados, que sabem demonstrar todos os aspectos da sensibilidade humana sem trair sua própria sensibilidade; em palavras mais simples, o bom ator sabe guardar a devida distância de seu personagem, embora tenha que saber vivê-lo intensamente. Por esta razão se costuma dizer que *Paradoxo sobre o comediante* é uma espécie de teoria da sensibilidade aplicada à arte do teatro.

Para concluir, bastaria dizer que este livro de Diderot é de suma importância para os estudantes de artes cênicas, de modo particular em nossos dias, quando o teatro vive um momento de reaquecimento fomentado em parte pela divulgação e em maior parte pelos grandes atores e atrizes que atuam nas salas esparsas por todo o país, atores e atrizes mais conhecidos e reverenciados do público especialmente pelos trabalhos que apresentam e papéis que desempenham na teledramaturgia.

Ciro Mioranza

VIDA E OBRAS DO AUTOR

Denis Diderot nasceu na cidade francesa de Langres no dia 5 de outubro de 1713. Filho primogênito de família abastada, aos 10 anos foi matriculado no colégio dirigido pelos padres jesuítas da cidade natal por duas razões: para receber uma educação aprimorada e para seguir a carreira sacerdotal. Esta segunda razão era uma forte aspiração da família, mesmo porque havia vários clérigos entre a parentela. Aos 13 anos, Denis Diderot já veste a batina e recebe a tonsura, primeiro passo para o sacerdócio. Em 1728, porém, muda de idéia e segue para Paris, onde em 1732 recebe o diploma de Mestre em Artes pela Universidade de Paris. Abandona tudo e passa a viver uma vida boêmia durante dez anos. Em 1741 conhece Antoinette Champion, filha de pequena comerciante de roupas e em 1743 casa-se em segredo com ela. Sem recursos e sem o apoio da família, Diderot se vê obrigado a trabalhar para viver. Faz traduções de obras de autores inglesas. Em 1745 recebe o convite de um editor para traduzir do inglês a *Enciclopédia das Ciências e das Artes* de Ephraim Chambers, publicada em Londres em 1727. Julgando-a desatualizada, o mesmo editor pede a Diderot que a refaça e a amplie. Assim surge a idéia da Enciclopédia francesa, sob a direção de Denis Diderot. Este convida D'Alembert, Rousseau, Dumarsais, Mallet e muitos outros colaboradores que passam a ser denominados enciclopedistas. Em 1751 é publicado o primeiro volume da Enciclopédia. O projeto avança, apesar das muitas vicissitudes (recolhimento de volumes, proibição de publicação de novos), e Diderot consegue levar a termo a Enciclopédia com seus 36 volumes.

Apesar do trabalho empenhativo que esta exigia, Diderot publicou à parte muitos textos filosóficos e literários, um dois quais lhe valeu a prisão. Morreu em Paris no dia 31 de julho de 1784.

PRINCIPAIS OBRAS

A religiosa (1796)
As jóias indiscretas (1748)
Carta sobre os cegos endereçada àqueles que enxergam (1749)
Carta sobre os surdos e mudos endereçada aqueles que ouvem e falam (1751)
Diálogo de um filósofo com a Marechala de *** (1776)
Ensaio sobre os reinados de Cláudio e de Nero (1782)
Jacques o fatalista (1796)
O filho natural (1757)
O pai de família (1758)
O pássaro branco, conto azul (1798)
O sobrinho de Rameau (1821)
O Sonho de D'Alembert (1769)
Paradoxo sobre o comediante (1796)
Pensamentos filosóficos (1746)

Paradoxo Sobre o Comediante

Primeiro Interlocutor
Não falemos mais disso.

Segundo Interlocutor
Por quê?

O Primeiro
Porque a obra é de teu amigo[1].

O Segundo
Que importa?

O Primeiro
Muito. De que te serve ficar na alternativa de desprezar seu talento ou meu julgamento e diminuir a boa opinião que tens dele ou aquela que tens de mim?

O Segundo
Isso não vai ocorrer; e se ocorrer, minha amizade pelos dois, baseada em qualidades mais essenciais, não seria atingida.

O Primeiro
Talvez.

---

(1) Trata-se de *Garrick ou les acteurs anglais* (Garrick ou os atores ingleses) de Antonio Sticotti, amigo de Diderot (NT).

O SEGUNDO

Estou certo. Sabes a quem te assemelhas neste instante? A um autor conhecido meu que suplicava de joelhos a uma mulher à qual estava ligado para não assistir à primeira representação de uma de suas peças.

O PRIMEIRO

Teu autor era modesto e prudente.

O SEGUNDO

Temia que o sentimento terno que nutriam por ele não ficasse na dependência de seu mérito literário.

O PRIMEIRO

Seria bem possível.

O SEGUNDO

Que um fracasso público o degradasse um pouco aos olhos de sua amada.

O PRIMEIRO

Que, menos apreciado, fosse igualmente menos amado. E isso te parece ridículo?

O SEGUNDO

Foi assim que se julgou o fato. O camarote foi alugado e o autor teve o maior sucesso: só Deus sabe como foi abraçado, festejado e paparicado.

O PRIMEIRO

E bem mais o teria sido se a peça tivesse sido vaiada.

O SEGUNDO

Não duvido.

O Primeiro
Mas persisto em minha opinião.

O Segundo
Persiste, eu consinto; mas lembra-te de que não sou mulher e é preciso, por favor, que te expliques.

O Primeiro
Absolutamente?

O Segundo
Absolutamente.

O Primeiro
Seria mais fácil me calar do que disfarçar meu pensamento.

O Segundo
Acredito.

O Primeiro
Vou ser severo.

O Segundo
É o que meu amigo exigiria de ti.

O Primeiro
Pois bem, uma vez que é preciso dizê-lo a ti, sua obra, escrito de um estilo atormentado, obscuro, enrolado, inflado, está cheia de idéias comuns. Ao terminar essa leitura, um grande comediante não será melhor e um ator medíocre não será menos ruim. Compete à natureza conferir as qualidades à pessoa, a figura, a voz, o julgamento, a sutileza. Compete ao estudo

dos grandes modelos, ao conhecimento do coração humano, à prática do mundo, ao trabalho assíduo, à experiência e ao hábito do teatro aperfeiçoar o dom da natureza. O comediante imitador pode chegar ao ponto de representar tudo sofrivelmente; não há nada a elogiar, nem a repreender em seu desempenho.

O Segundo

Ou tudo há de ser repreendido.

O Primeiro

Como quiseres. O comediante por natureza é muitas vezes detestável, às vezes excelente. Em qualquer gênero que seja, desconfia de uma mediocridade constante. Qualquer que seja o rigor com que um estreante é tratado, é fácil pressentir seus sucessos futuros. As vaias sufocam apenas os incompetentes. E como a natureza sem a arte formaria um grande comediante, uma vez que nada se passa exatamente no palco como na natureza e que os poemas dramáticos são todos compostos de acordo com um certo sistema de princípios? E como um papel seria desempenhado da mesma maneira por dois atores diferentes, se no escritor mais claro, mais preciso, mais enérgico, as palavras não são e não podem ser senão signos aproximados de um pensamento, de um sentimento, de uma idéia; signos que o movimento, o gesto, o tom, a fisionomia, os olhos, a circunstância dada completam seu valor? Quando tiveres ouvido estas palavras:

...*O que faz aí tua mão?*

– *Apalpo teu traje, seu tecido é macio*[2].

Que sabes? Nada. Pondera bem o que se segue e imagina como é freqüente e fácil a dois interlocutores, empregando as mesmas expressões, ter pensado e dizer coisas totalmente diferentes. O exemplo que vou disso te dar é uma espécie de prodígio; é a própria obra de teu amigo. Pergunta a um comediante francês o que pensa a respeito e ele vai concordar que tudo é verdade. Faz a mesma pergunta a um comediante inglês e ele vai

---

(2) *Tartufo*, ato III, cena 3, de Molière (1622-1673), dramaturgo francês (NT).

jurar *by God* (por Deus) que não há sequer uma frase a mudar e que é o puro evangelho da cena. Entretanto, como não há quase nada em comum entre a maneira de escrever a comédia e a tragédia na Inglaterra e a maneira pela qual são escritos esses poemas na França, pois, segundo o próprio modo de pensar de Garrick[3], aquele que sabe representar perfeitamente uma cena de Shakespeare não conhece o primeiro acento da declamação de uma cena de Racine; pois, enlaçado pelos versos harmoniosos deste último, como por outras tantas serpentes cujos anéis lhe apertam a cabeça, os pés, as mãos, as pernas e os braços, sua ação perderia com isso toda a liberdade: segue-se evidentemente que o ator francês e o ator inglês, que concordam unanimemente quanto à verdade dos princípios de teu autor, não se entendem, e que há na linguagem técnica do teatro uma latitude, um vago bastante considerável para que homens sensatos, de opiniões diametralmente opostas, creiam reconhecer nisso a luz da evidência. E continua mais do que nunca apegado a tua máxima: *Não te expliques nunca se quiseres ser entendido.*

O Segundo

Pensas que em toda a obra, e sobretudo nesta, existem dois sentidos distintos, ambos encerrados sob os mesmos signos, um em Londres e outro em Paris?

O Primeiro

E que esses signos apresentam tão nitidamente esses dois sentidos que até teu próprio amigo se enganou com eles, uma vez que, associando nomes de comediantes ingleses a nomes de comediantes franceses, aplicando-lhes os mesmos preceitos e concedendo-lhes a mesma censura e os mesmos elogios, imaginou sem dúvida que aquilo que declarava de uns era igualmente justo para os outros.

....

(3) David Garrick (1717-1779), ator e diretor de teatro inglês, famoso em toda a Europa pelas produções de peças de Shakespeare e de algumas escritas por ele; estreitou laços de amizade com Diderot quando esteve na França por longo período (NT).

O SEGUNDO

Mas, desse modo, nenhum outro autor teria cometido tantos verdadeiros contra-sensos.

O PRIMEIRO

As mesmas palavras de que ele se serve enunciando uma coisa no *Carrefour de Bussy*[4] e uma coisa diferente em *Drury Lane*[5], devo confessá-lo com pesar; de resto, posso estar errado. Mas o ponto importante, sobre o qual temos opiniões inteiramente opostas, teu autor e eu, é a questão das qualidades primordiais de um grande comediante. De minha parte, quero que tenha muito discernimento; acho necessário que subsista nesse homem um espectador frio e tranqüilo; exijo dele, por conseguinte, penetração e nenhuma sensibilidade, a arte de tudo imitar ou, o que dá no mesmo, uma igual aptidão para toda espécie de caracteres e de papéis.

O SEGUNDO

Nenhuma sensibilidade!

O PRIMEIRO

Nenhuma. Não coordenei ainda muito bem minhas razões e me permitirás de expô-las como me ocorrerem, na desordem da própria obra de teu amigo.

Se o comediante fosse sensível, seria de boa-fé permitido a ele desempenhar duas vezes seguidas um mesmo papel com o mesmo calor e o mesmo sucesso? Muito ardente na primeira representação, estaria esgotado e frio como mármore na terceira. Ao passo que imitador atento e discípulo concentrado da natureza, na primeira vez que se apresentar no palco sob o nome de Augusto, de Cina, de Orosmano, de Agamenom, de Maomé[6], copista rigoroso de si próprio ou de seus estudos, e observador contínuo de nossas sensações, sua interpretação, longe de se enfraquecer, se fortalecerá com novas reflexões que tiver recolhido;

....

(4) Local em que se encontrava a *Comédie Française* desde 1689; em 1770 os comediantes franceses se instalaram na *Salle des Machines*, esperando a inauguração (ocorrida em 1782) do novo *Théâtre Français* que passou a ser chamado *Odéon* em 1791 (NT).
(5) Nome do mais famoso teatro inglês, dirigido por Garrick de 1746 a 1776 (NT).
(6) Personagens de peças dos dramaturgos franceses Corneille, Voltaire e Racine (NT).

ele vai se exaltar ou se moderar e tu, com isso, ficarás cada vez mais satisfeito. Se ele é ele quando representa, como vai deixar de ser ele? Se ele quer cessar de ser ele, como vai perceber o ponto certo em que deve se colocar e se deter?

O que me confirma em minha opinião é a desigualdade dos atores que representam com alma. Não esperes da parte deles nenhuma unidade; seu desempenho é alternadamente forte e fraco, quente e frio, chato e sublime. Vão falhar amanhã na passagem em que hoje primaram; em contrapartida, vão primar naquela em que falharam na véspera. Ao passo que o comediante que representar com reflexão, com estudo da natureza humana, com imitação constante segundo algum modelo ideal, com imaginação, com memória, vai ser um, o mesmo em todas as representações, sempre igualmente perfeito: tudo foi medido, combinado, aprendido, ordenado em sua cabeça; não há em sua declamação nem monotonia nem dissonância. O ardor tem seu progresso, seus ímpetos, suas remissões, seu começo, seu meio, seu extremo. São os mesmos acentos, as mesmas posições, os mesmos movimentos; se há alguma diferença entre uma apresentação e outra, é usualmente em vantagem da última. Ele não será variável segundo os dias; é um espelho sempre disposto a mostrar os objetos e a mostrá-los com a mesma precisão, a mesma força e a mesma verdade. Assim como o poeta, vai incessantemente abeberar-se no fundo inesgotável da natureza, em vez de ficar assistindo bem cedo o fim de sua própria riqueza.

Que desempenho mais perfeito que o da senhorita Clairon[7]? Entretanto, segue-a, estuda-a e ficarás convencido de que na sexta representação ela sabe de cor todos os pormenores de sua interpretação, assim como todas as palavras de seu papel. Sem dúvida ela fez para si um modelo ao qual procurou de início se conformar; sem dúvida, concebeu esse modelo da maneira mais elevada, mais grandiosa e mais perfeita que lhe foi possível; mas esse modelo que tomou da história ou que sua imaginação criou como um grande fantasma, não é ela; se esse modelo não fosse de sua altura, como seria fraca e pífia sua ação! Quando, à força de trabalho, ela se aproximou dessa idéia o mais que pôde, tudo ficou concluído; manter-se firme nesse patamar é pura questão de

---

(7) Claire Josèphe Hippolyte Léris de Latude, dita *Mademoiselle Clairon* (1723-1803), renomada atriz que, a conselho de Diderot e outros, revolucionou a arte de recitar os versos dramáticos; no final da vida se dedicou a escrever suas *Memórias*, discorrendo principalmente sobre a arte dramática (NT).

exercício e de memória. Se assistisses a seus estudos, quantas vezes lhe haverias de dizer: "*É isso mesmo!...*" e quantas vezes ela te haveria de responder: "*Estás enganado!...*" É como Le Quesnoy[8], a quem seu amigo agarrava pelo braço e gritava: *Pare! o melhor é inimigo do bom: vais estragar tudo... – Estás vendo o que eu fiz –* replicava o artista arquejante ao conhecedor maravilhado *– mas não enxergas o que eu tenho ali e o que estou perseguindo.*

Não duvido que a Clairon experimente o tormento de Quesnoy em suas primeiras tentativas; mas passada a luta, depois de conseguir se elevar à altura de seu fantasma, ela se possui, ela se repete sem emoção. Como nos acontece às vezes no sonho, sua cabeça toca nas nuvens, suas mãos vão procurar os dois confins do horizonte; ela é a alma de um grande manequim que a envolve; seus ensaios o fixaram sobre ela. Negligentemente estendida numa espreguiçadeira, braços cruzados, olhos fechados, imóvel, ela pode, seguindo seu sonho de memória, ouvir-se, ver-se, julgar-se e julgar as impressões que vai suscitar. Nesse momento ela é dupla: a pequena Clairon e a grande Agripina.

O Segundo

Nada, ouvindo-te, se assemelharia tanto a um comediante no palco ou em seus estudos, como as crianças que, à noite, imitam as almas do outro mundo nos cemitérios, erguendo acima de suas cabeças um grande lençol branco na ponta de um bastão e emitindo por debaixo desse catafalco uma voz lúgubre que assusta os passantes.

O Primeiro

Tens razão. Não acontece com a Dusmenil[9] o mesmo que com a Clairon. Ela sobe ao palco sem saber o que vai dizer; a metade do tempo não sabe o que diz, mas chega um momento sublime. E por que o ator diferiria do poeta, do pintor, do orador, do músico? Não é no furor do primeiro esguicho que os traços característicos se apresentam, é em momentos tranqüilos e frios, em

---

(8) François Duquesnoy (1594-1642), escultor belga, conhecido também sob o nome de François Flamend, que viveu e fez carreira quase exclusivamente em Roma (NT).
(9) Marie-Françoise Marchand, dita *Mademoiselle Dumesnil* (1713-1803), atriz francesa, rival de Mademoiselle Clairon, celebrizou-se nos papéis de rainhas e de princesas; tinha um acurado senso do efeito e sabia suscitar o terror e a compaixão trágicos. Retirando-se de cena, redigiu suas *Memórias*, em resposta àquelas da Clairon (NT).

momentos totalmente inesperados. Não se sabe de onde vêm esses traços; eles têm algo a ver com inspiração. É quando, suspensos entre a natureza e seu esboço, esses gênios dirigem alternadamente um olhar atento a uma e outro; as belezas de inspiração, os traços fortuitos que espalham em suas obras e cuja súbita aparição espanta a eles próprios, são de um efeito e de um sucesso assegurados de maneira bem diversa daquilo que jogaram num repente. Cabe ao sangue-frio temperar o delírio do entusiasmo.

Não é o homem violento que está fora de si que dispõe de nós; é uma vantagem reservada ao homem que se possui. Os grandes poetas dramáticos, sobretudo, são espectadores assíduos do que se passa em torno deles no mundo físico e no mundo moral.

O Segundo
Que são um só.

O Primeiro
Captam tudo o que os impressiona; fazem disso coletâneas. É dessas coletâneas formadas neles, sem que o saibam, que tantos fenômenos raros passam a suas obras. Os homens acalorados, violentos, sensíveis, estão em cena; dão o espetáculo, mas não desfrutam dele. Servindo-se do modelo deles é que o homem de gênio faz sua cópia. Os grandes poetas, os grandes atores e talvez, em geral, todos os grandes imitadores da natureza, quaisquer que sejam, dotados de bela imaginação, de grande senso, de tato fino, de gosto muito apurado, são os seres menos sensíveis. São igualmente aptos a um número demasiado de coisas; acham-se demasiado ocupados em olhar, em reconhecer e em imitar, para serem vivamente afetados no íntimo deles próprios. Eu os vejo sem cessar com a pasta de desenho sobre os joelhos e o lápis na mão.

Nós, sentimos; eles, observam, estudam e pintam. Posso dizê-lo? Por que não? A sensibilidade não é realmente a qualidade de um grande gênio. Ela amará a justiça; mas vai exercer essa virtude sem recolher a doçura dela. Não é seu coração, mas sua cabeça que faz tudo. À menor circunstância imprevista, o homem sensível a perde; não será um grande rei, nem um grande ministro, nem um grande capitão, nem um grande advogado, nem um grande médico. Encham a sala de espetáculo desses chorões, mas não coloquem nenhum deles no palco. Vejam as mulheres; elas nos ultrapassam certamente, e de bem longe, em sensibilidade: que diferença entre elas e nós nos instantes da paixão! Mas, assim como são superiores a nós quando agem, do mesmo modo são inferiores a nós quando imitam. A sensibilidade nunca subsiste sem fraqueza de organização. A lágrima que escapa do homem verdadeiramente homem nos comove mais que todos os prantos de uma mulher. Na grande comédia, a comédia do mundo, aquela para a qual sempre torno, todas as almas ardentes ocupam o teatro; todos os homens de gênio estão na platéia. Os primeiros chamam-se loucos; os segundos, que se dedicam em copiar suas loucuras, se chamam sábios. É o olho do sábio que capta o ridículo de tantas personagens diversas, que o pinta e que faz rir tanto desses importunos originais de que foste vítima como de ti mesmo. É ele que te observava e que traçava a cópia cômica tanto do importuno como de teu suplício.

Se essas verdades fossem demonstradas, os grandes comediantes não concordariam com elas; é o segredo deles. Os atores medíocres ou novatos são feitos para rejeitá-las e se poderia dizer de alguns outros que eles acreditam sentir, como se disse do supersticioso que ele acredita crer; e que sem a fé para este e sem a sensibilidade para aquele, não há salvação.

Mas como? Dirá alguém, estes acentos tão plangentes, tão dolorosos, que essa mãe arranca do fundo de suas entranhas e com os quais as minhas são tão violentamente abaladas, não é o sentimento atual que os produz, não é o desespero que os inspira? De modo algum; e a prova é que são medidos; que fazem parte de um sistema de declamação; que mais baixos ou mais agudos do que a vigésima parte de um quarto de tom, são falsos; que estão sujeitos a uma lei de unidade; que são, como na harmonia, preparados e reservados; que não satisfazem todas as condições requeridas senão por meio de um longo estudo; que concorrem para a solução de um problema proposto; que, para serem levados ao ponto certo, foram repetidos cem vezes e que, apesar dessas freqüentes repetições, ainda lhes falta algo; é que antes de dizer:

Zaíra, tu choras![10]

Ou

Tu ainda vais compreender, minha filha[11],

....
(10) *Zaíra*, ato IV, cena 3, de Voltaire (1694-1778), filósofo e escritor francês (NT).
(11) *Ifigênia*, ato II, cena 2, de Jean Baptiste Racine (1639-1699), poeta trágico francês (NT).

o ator se escutou a si mesmo durante muito tempo; é que ele se escuta no momento em que te perturba e que todo seu talento consiste não em sentir, como poderias supor, mas em expressar tão escrupulosamente os sinais externos do sentimento, que tu te enganas a respeito. Os gritos de sua dor são notados em seu ouvido. Os gestos de seu desespero são decorados e foram ensaiados diante de um espelho. Ele sabe o momento exato em que vai tirar seu lenço e em que as lágrimas devem rolar; espera-as a essa palavra, a essa sílaba, nem mais cedo nem mais tarde. Esse tremor da voz, essas palavras suspensas, esses sons sufocados ou arrastados, esse frêmito dos membros, essa vacilação dos joelhos, esses furores, pura imitação, lição recordada de antemão, trejeito patético, macaquice sublime de que só o ator guarda a lembrança por muito tempo depois de tê-la estudado, da qual tinha a consciência presente no momento em que a executava, que lhe deixa, felizmente para o poeta, para o espectador e para ele, toda a liberdade de seu espírito e que não lhe tira, assim como os outros exercícios, senão a força do corpo. O soco ou o coturno deposto, sua voz se extinguiu, ele sente uma fadiga extrema, vai trocar de roupa ou deitar-se; mas não lhe resta nem perturbação nem dor nem melancolia nem abatimento de alma. És tu que levas contigo todas essas impressões. O ator está cansado e tu, triste; é que ele se agitou sem nada sentir e tu sentiste sem te agitar. Se fosse de outra forma, a condição do comediante seria a mais infeliz das condições; mas ele não é o personagem, ele o representa e o representa tão bem que tu o tomas como tal: a ilusão só existe para ti; quanto a ele, sabe muito bem que ele não o é.

Sobre as sensibilidades diversas, que se concertam entre si para obter o maior efeito possível, que se afinam, que se enfraquecem, que se fortalecem, que se matizam para formar um todo que seja um só, isso me faz rir. Insisto, portanto, e digo: "É a extrema sensibilidade que faz os atores medíocres; é a sensibilidade medíocre que faz a multidão dos maus atores; e é a falta absoluta de sensibilidade que prepara os atores sublimes." As lágrimas do comediante descem de seu cérebro; aquelas do homem sensível sobem de seu coração: são as entranhas que perturbam sem medida a cabeça do homem sensível; é a cabeça do comediante que leva às vezes uma perturbação passageira a suas entranhas; ele chora como um padre incrédulo que prega a Paixão; como um sedutor aos joelhos de uma mulher que ele não ama, mas que quer enganar; como um mendigo na rua ou à porta de uma igreja, que te injuria quando se desespera para te comover; ou como uma cortesã que nada sente, mas que desmaia em teus braços.

Nunca refletiste sobre a diferença entre as lágrimas provocadas por um acontecimento trágico e as lágrimas provocadas por um relato patético? Ouve-se contar uma bela coisa: pouco a pouco a cabeça se embaralha, as entranhas se comovem e as lágrimas escorrem. Ao contrário, à vista de um acidente trágico, o objeto, a sensação e o efeito se tocam; num instante, as entranhas se comovem, solta-se um grito, a cabeça se perde e as lagrimas escorrem; estas vêm subitamente; as outras são trazidas. Essa é a vantagem de um lance de teatro natural e verdadeiro numa cena eloqüente, ele realiza bruscamente o que a cena faz esperar; mas a ilusão é muito mais difícil de produzir; um incidente falso, mal representado, a destrói. Os acentos são imitados melhor que os movimentos, mas os movimentos impressionam mais violentamente. Esse é o fundamento de uma lei para a qual não creio que haja exceção, é a de solucionar por uma ação e não por um relato, sob pena de ser frio.

Pois bem, nada tens a objetar? Eu te ouço; fazes um relato em sociedade; tuas entranhas se comovem, tua voz se entrecorta, choras. Sentiste, dizes, e sentiste muito vivamente. Concordo; mas te preparaste para isso? Não. Falavas em versos? Não. Entretanto, arrastaste, espantaste, tocaste, produziste um grande efeito. É verdade. Mas transporta ao teatro teu tom familiar, tua expressão simples, teu porte doméstico, teu gesto natural e verás quão pobre e fraco serás. É inútil derramar lágrimas, serás ridículo, todos vão rir. Não será uma tragédia, será uma farsa trágica que representarás. Acreditas que as cenas de Corneille, de Racine, de Voltaire e mesmo de Shakespeare possam ser recitadas com tua voz de conversa e com o tom que tens ao falar junto de tua lareira? Não mais que a história do canto de tua lareira com a ênfase e a abertura de boca do teatro.

O Segundo

É que talvez Racine e Corneille, por maiores homens que fossem, nunca fizeram nada que valha.

O Primeiro

Que blasfêmia! Quem é que ousaria proferi-la? Quem ousaria aplaudi-la? As coisas familiares de Corneille não podem sequer ser ditas em tom familiar.

Mas uma experiência que terás repetido cem vezes é que no fim de tua recitação, no meio da perturbação e da emoção que lançaste em teu pequeno auditório de salão, sobrevém um novo personagem cuja curiosidade convém satisfazer. Não podes mais fazê-lo, tua alma está esgotada, não te resta nem sensibilidade, nem calor, nem lágrimas. Por que o ator não experimenta o mesmo abatimento? É que há muita diferença entre o interesse que tem por um conto de pura invenção e o interesse que te inspira a desgraça de teu vizinho. És Cina? Foste alguma vez Cleópatra, Mérope, Agripina? Que te importa essa gente? A Cleópatra, a Mérope, a Agripina, o Cina do teatro são mesmo personagens históricos? Não. São fantasmas imaginários da poesia; digo muito: são espectros do feitio particular deste ou daquele poeta. Deixa essa espécie de hipogrifos[12] em cena com seus movimentos, seu comportamento e seus gritos; figurariam mal na história: provocariam gargalhadas num círculo ou em outra reunião da sociedade. As pessoas se perguntariam ao ouvido: Será que está em delírio? De onde vem esse Dom Quixote? Onde são feitos esses contos? Qual é o planeta em que se fala assim?

O Segundo
Mas por que não se revoltam no teatro?

O Primeiro
É que aí os personagens subsistem por convenção. É uma fórmula dada pelo velho Ésquilo[13]; é um protocolo de três mil anos.

O Segundo
E esse protocolo vai durar ainda muito tempo?

O Primeiro
Eu o ignoro. Tudo o que sei é que nos afastamos dele à medida que nos aproximamos de nossa sede e de nosso país.

Conheces uma situação mais parecida com a de Agamenon na primeira cena

---
(12) Monstro alado mitológico, metade cavalo, metade grifo (ave de rapina) (NT).
(13) Ésquilo (525-456 a.C.), poeta trágico grego, considerado o fundador da tragédia grega (NT).

de *Ifigênia* do que a situação de Henrique IV, quando, obsedado por terrores que eram mais do que fundados, dizia a seus familiares: "Eles vão me matar, nada é mais certo; eles vão me matar..." Supõe que esse excelente homem, esse grande e infeliz monarca, atormentado à noite por esse pressentimento funesto, se levanta e vai bater à porta de Sully, seu ministro e amigo; acreditas que houvesse um poeta bastante absurdo para levar Henrique a dizer:

Sim, é Henrique, é teu rei que te desperta.
Vem, reconhece a voz que chega a teu ouvido...
e levar Sully a responder:
És realmente tu, senhor! Que importante necessidade
Te fez preceder a aurora de tão longe?
Apenas uma fraca luz te ilumina e me guia,
Só teus olhos e os meus estão abertos!

O Segundo
Esta era talvez a verdadeira linguagem de Agamenon.

O Primeiro
Não mais que aquela de Henrique IV. É aquela de Homero, é aquela de Racine, é aquela da poesia; e essa linguagem pomposa não pode ser empregada senão por seres desconhecidos do público e falada por bocas poéticas com um tom poético.

Reflete um momento sobre o que se chama no teatro *ser verdadeiro*. Será mostrar as coisas como elas são na natureza? De forma alguma. O verdadeiro nesse sentido seria apenas o comum. O que é pois o verdadeiro do palco? É a conformidade das ações, dos discursos, da figura, da voz, do movimento, do gesto, com um modelo ideal imaginado pelo poeta e muitas vezes exagerado pelo comediante. Eis o maravilhoso. Esse modelo não influi somente no tom; modifica até o andar, até a postura. Daí procede que o comediante na rua ou no palco são dois personagens tão diferentes, que mal se consegue reconhecê-los. A primeira vez que vi a senhorita Clairon na casa dela, exclamei com toda a naturalidade: "*Ah! Senhorita, eu te julgava mais alta de uma cabeça inteira*".

Uma mulher infeliz, e verdadeiramente infeliz, chora e não te comove em absoluto: pior ainda, um ligeiro traço que a desfigura te faz rir; é que um acento que lhe é próprio destoa a teu ouvido e te fere; é que um movimento que lhe é habitual te mostra sua dor ignóbil e enfadonha; é que as paixões exageradas são quase todas sujeitas a trejeitos que o artista sem gosto copia servilmente, mas que o grande artista evita. Nós queremos que no auge dos tormentos o homem guarde o caráter de homem, a dignidade de sua espécie. Qual é o efeito desse esforço heróico? Distrair da dor e temperá-la. Nós queremos que essa mulher caia com decência, com delicadeza e que esse herói morra como o gladiador antigo, no meio da arena, sob os aplausos do circo, com graça, com nobreza, numa atitude elegante e pitoresca. Quem é que vai responder à nossa expectativa? Será o atleta que a dor subjuga e que a sensibilidade descompõe? Ou o atleta academizado que se domina e pratica as lições da ginástica ao render o último suspiro? O gladiador antigo, como um grande comediante, e um grande comediante, assim como o gladiador antigo, não morrem como se morre na cama, mas são obrigados a nos representar uma outra morte para nos agradar e o espectador delicado sentiria que a verdade nua, a ação despida de qualquer afetação seria mesquinha e contrastaria com a poesia do resto.

Não que a pura natureza não tenha seus momentos sublimes; mas penso que se há alguém seguro de captar e conservar sua sublimidade, é aquele que os tiver pressentido por imaginação ou por gênio e que souber representá-los com sangue-frio.

Entretanto, eu não negaria que não houvesse aí uma espécie de mobilidade de entranhas adquirida ou factícia; mas, se pedires minha opinião, eu a julgo quase tão perigosa como a sensibilidade natural. Ela deve conduzir pouco a pouco o ator à maneira e à monotonia. É um elemento contrário à diversidade das funções de um grande comediante; esse é freqüentemente obrigado a despojar-se dela e essa abnegação de si não é possível senão a uma cabeça de ferro. Inclusive, seria preferível, para a facilidade e o sucesso dos estudos, para a universalidade do talento e a perfeição do desempenho, não ter necessidade de cometer essa incompreensível distração de si para consigo, cuja extrema dificuldade, limitando cada comediante a um só papel, condena as companhias a ser muito numerosas ou quase todas as peças a ser mal representadas, a menos que se inverta a ordem das coisas e que as peças sejam feitas para os atores que, me parece, deveriam muito ao contrário ser feitos para as peças.

O Segundo

Mas se uma multidão de homens apinhados na rua por uma catástrofe vêm desdobrar subitamente, e cada um à sua maneira, sua sensibilidade natural, sem ter combinado, criarão um espetáculo maravilhoso, mil modelos preciosos para a escultura, a pintura, a música e a poesia.

O Primeiro

É verdade. Mas esse espetáculo poderia ser comparado com aquele que resultaria de um acordo bem estabelecido, dessa harmonia que o artista vai introduzir nele quando o transportar da praça ao palco ou à tela? Se achares que sim, qual é, pois, replico, essa tão gabada magia da arte, uma vez que ela se reduz a estragar o que a natureza bruta e um arranjo fortuito realizaram melhor do que ela? Negas que se embeleza a natureza! Nunca elogiaste uma mulher, dizendo que era bela como uma *Virgem* de Rafael[14]? À vista de uma bela paisagem, não exclamaste que era romanesca? Além disso, tu me falas de uma coisa real e eu te falo de uma imitação; tu me falas de um instante fugaz da natureza e eu te falo de uma obra de arte, projetada, seguida, que tem seus progressos e sua duração. Toma cada um desses atores, faz variar a cena na rua como no teatro e mostra-me teus personagens sucessivamente, isolados, dois a dois, três a três, abandona-os a seus próprios movimentos; que sejam senhores absolutos de suas ações e verás a estranha cacofonia que disso vai resultar. Para evitar esse defeito, fazes com que ensaiem juntos? Adeus, pois, à sensibilidade natural deles e, tanto melhor.

Ocorre com o espetáculo o mesmo que ocorre com uma sociedade bem ordenada, na qual cada um sacrifica direitos seus primordiais para o bem do conjunto e do todo. Quem é que vai apreciar melhor a medida desse sacrifício? Será o entusiasta? O fanático? Não, certamente. Na sociedade, esse será o homem justo; no teatro, o comediante que tiver a cabeça fria. Tua cena de rua está para a cena dramática como uma horda de selvagens para uma assembléia de homens civilizados.

Aqui é o lugar de te falar da pérfida influência de um parceiro medíocre

---

(14) Raffaello Sanzio (1483-1520), pintor e arquiteto italiano (NT).

sobre um excelente comediante. Este concebeu com grandeza, mas será forçado a renunciar a seu modelo ideal para se colocar ao nível do pobre diabo com quem contracena. Trata-se então de estudo e de bom senso: o que se faz instintivamente no passeio ou ao pé da lareira, aquele que fala baixo abaixa o tom de seu interlocutor. Ou se preferes outra comparação, é como no uíste[15], no qual perdes uma porção de tua habilidade se não podes contar com teu parceiro. Há mais: a Clairon vai te dizer, quando quiseres, que Le Kain[16], por malvadez, a tornava má ou medíocre, à vontade; e que, em represália, ela o expunha às vezes às vaias. O que são, portanto, dois comediantes que se sustentam mutuamente? Dois personagens cujos modelos apresentam, guardadas as proporções, a igualdade ou a subordinação que convém às circunstâncias em que o poeta os situou, sem que um seja demasiado forte ou demasiado fraco; e, para salvar essa dissonância, o forte elevará raramente o fraco à sua altura; mas, por reflexão, descerá à pequenez deste. E sabes qual o objeto desses ensaios tão múltiplos? É o de estabelecer um equilíbrio entre os talentos diversos dos atores, de maneira que disso resulte uma ação geral que seja uma; e quando o orgulho de um deles se recusa a esse equilíbrio, é sempre em detrimento da perfeição do todo, em detrimento de teu prazer; de fato, é raro que a excelência de um só te indenize da mediocridade dos outros que ela ressalta. Vi algumas vezes a personalidade de um grande ator punida; é quando o público decretava tolamente que ele era exagerado, em vez de sentir que seu parceiro era fraco.

Agora és poeta: tens uma peça a ser representada e eu te deixo a escolha de atores de senso profundo e de cabeça fria ou de atores sensíveis. Mas, antes de te decidir, permite que te faça uma pergunta. A que idade se é grande comediante? É na idade em que se está cheio de fogo, em que o sangue ferve nas veias, em que o mais leve choque leva a perturbação ao fundo das entranhas, em que o espírito se inflama à menor centelha? Parece-me que não. Aquele que a natureza cinzelou como comediante não prima em sua arte senão quando a longa experiência é adquirida, quando o ímpeto das paixões decaiu, quando a cabeça está tranqüila e quando a alma se domina. O vinho da melhor qualidade

....
(15) Aportuguesamento de *whist*, jogo de cartas para quatro pessoas que jogam individualmente ou em parceria (NT).
(16) Henri-Louis Lekain (1729-1778), grande ator francês que se notabilizou na interpretação das tragédias Voltaire (NT).

é áspero e encorpado quando fermenta; é por uma longa permanência na pipa que se torna generoso. Cícero, Sêneca e Plutarco[17] representam para mim as três idades do homem que compõe: Cícero não passa muitas vezes de fogo de palha que me rejubila meus olhos; Sêneca, um fogo de sarmento que os fere; ao passo que, se remexo as cinzas do velho Plutarco, descubro nelas as grandes brasas de um braseiro que me aquecem docemente.

Baron[18] interpretava, com sessenta anos passados, o *Conde de Essex, Xifarés, Britânico* e os interpretava bem. A Gaussin[19] encantava, em *O Oráculo* e em *A Pupila*, aos cinqüenta anos.

O Segundo
Ela não tinha quase a aparência de seu papel.

O Primeiro
É verdade; e este é talvez um dos obstáculos insuperáveis para a excelência de um espetáculo. Cumpre ter passeado longos anos sobre o palco. É preciso ter passeado longos anos sobre os palcos e o papel exige às vezes a primeira juventude. Se se encontrou uma atriz de dezessete anos[20], capaz do papel de Mônima, de Dido, de Pulquéria, de Hermíone, é um prodígio que não se tornará mais a ver. Entretanto, um velho comediante só é ridículo quando as forças o abandonaram totalmente ou quando a superioridade de seu desempenho não salva o contraste entre sua velhice e seu papel. Ocorre no teatro como na sociedade, onde não se censura o galanteio a uma mulher senão quando ela não possui bastantes talentos nem bastantes outras virtudes para cobrir um vício.

....

(17) Marcus Tullius Cícero (106-43 a.C.), filósofo e escritor latino; Lucius Annaeus Seneca (01 a.C.-65 d.C.), filósofo latino; Plutarco (50-125), escritor e historiador grego (NT).
(18) Michel Boyron, dito Baron (1653-1729), aluno e amigo de Molière, celebrizou-se como um dos atores mais completos na comédia e na tragédia. As peças citadas na frase são de autoria de Corneille, a primeira, e as outras, de Racine (NT).
(19) Jeanne-Catherine Gaussem, dita senhorita Gaussin (1711-1767), atriz francesa de grande sucesso; as peças de que fala Diderot são de autoria de Poullain de Sainte-Foix (1698-1776) – *L'Oracle* – e de Christophe-Barthélémy Fagan – *La Pupille* (NT).
(20) Trata-se de Marie-Antoinette Saucerotte, dita senhorita Raucourt (1756-1815), que estreou no teatro em 1772 no papel de Dido em *Enée et Didon* de Lefranc Pompignan, obtendo grande sucesso de imediato; os demais nomes citados se referem a personagens de peças de Corneille e de Racine (NT).

Em nossos dias, a Clairon e Molé[21] representaram, ao estrear, mais ou menos como autômatos, a seguir se mostraram verdadeiros comediantes. Como ocorreu isso? Será que a alma, a sensibilidade e as entranhas chegaram para eles à medida que avançavam em idade?

Há pouquíssimo tempo, após dez anos de ausência no teatro, a Clairon quis reaparecer; se representou mediocremente, é porque havia perdido sua alma, sua sensibilidade, suas entranhas? De modo algum; perdeu antes a memória de seus papéis. Invoco o testemunho do futuro.

O Segundo

O quê? Acreditas que ela voltará a se apresentar para nós?

O Primeiro

Ou haverá de perecer de tédio; pois, que queres que se ponha no lugar do aplauso público e de uma grande paixão? Se tal ator, se tal atriz estivessem profundamente compenetrados, como se supõe, fala-me se um pensaria em lançar um olhar para os camarotes, o outro para dirigir um sorriso aos bastidores, quase todos falando na platéia, e se se iria aos camarins interromper as risadas imoderadas de um terceiro e adverti-lo de que é hora de vir apunhalar-se?

Mas sinto vontade de te esboçar uma cena entre um comediante e sua mulher, que se detestavam; cena de amantes ternos e apaixonados; cena interpretada publicamente no palco, tal como vou apresentá-la a ti e talvez um pouco melhor; cena em que dois atores pareceram mais do que nunca estar em seus papéis; cena em que arrancaram os aplausos contínuos da platéia e dos camarotes; cena que nossas palmas e nossos gritos de admiração interromperam dez vezes. É a terceira do quarto ato do *Despeito amoroso* de Molière, um triunfo para eles[22].

O comediante Erasto, amante de Lucila.
Lucila, amante de Erasto e mulher do comediante.

....

(22) A cena que se segue é adaptada de *L'Art de la Comédie* (1772) de Cailhava de l'Estandoux (1730-1813), dramaturgo francês (NT).
(21) François-René Molet, dito Molé (1734-1802), grande ator de comédia (NT).

O Comediante

Não, não, não acredites, senhora,
Que eu volte a te falar de minha flama.

A Comediante

– É o que te aconselho.
    Está tudo acabado.
– Assim espero.
    Quero curar-me e conheço muito bem
    O que de teu coração possuiu o meu!
– Mais do que mereces.
    Uma irritação tão constante pela sombra de uma ofensa
– Tu, me ofender! Não te dou esta honra.
    Me esclareceste muito bem sobre tua indiferença;
    E devo mostrar-te que os traços do desprezo
– O mais profundo
    São sensíveis sobretudo aos espíritos generosos.
– Sim, aos generosos.
    Eu o confessarei, meus olhos observavam nos teus
    Encantos que não encontraram em todos os outros.
– Não por falta de tê-los visto.
    E o enlevo em que eu estava de minhas algemas
    As teria preferido a cetros ofertados.
– Fizeste assim melhor negócio.
    Eu vivia todo em ti;
– Isso é falso, e mentiste sempre a respeito.
    E, o confessarei mesmo,
    Talvez que apesar de tudo sentirei, embora ofendido,
    Bastante pena por me haver desprendido delas.
– Seria deplorável.
    É possível que, apesar da cura que ela experimenta,
    Minha alma sangrará por muito tempo dessa chaga,
– Nada temas; a gangrena está aí mesmo.
    E que, libertado de um jugo que fazia todo meu bem,

Terei de resolver-me a nunca mais amar nada.
– Levarás o mesmo troco.
Mas enfim não importa; e desde que teu ódio
Expulsa um coração tantas vezes quantas o amor te reconduz,
Esta aqui é a última das tantas importunações
Que sofrerás de meus anseios repelidos.

A COMEDIANTE
Podes fazer aos meus a graça toda inteira,
Senhor, e me poupar ainda esta derradeira.

O COMEDIANTE
– Meu coração, és uma insolente, e te arrependerás disso.
Pois bem, senhora, pois bem! eles vão ficar satisfeitos.
Eu rompo contigo e rompo para sempre.
Uma vez que o desejas, que eu perca a vida,
Se a vontade de te falar me vier novamente.

A COMEDIANTE
Tanto melhor, é fazer-me um favor.

O COMEDIANTE
Não, não, não tenhas medo.

A COMEDIANTE
– Não tenho medo de ti.
Que eu falte à palavra, tivesse eu um coração fraco,
A ponto de não poder dele apagar tua imagem,
Crê que nunca terás essa vantagem.

O Comediante
– A desgraça, queres dizer.
De me ver voltar outra vez.

A Comediante
Seria realmente em vão.

O Comediante
– Minha amiga, és uma tratante incorrigível, a quem vou ensinar a falar.
Eu mesmo com cem punhaladas traspassaria meu peito,

A Comediante
– Prouvesse a Deus!
Se jamais eu cometesse esse aviltamento insigne,

O Comediante
– Por que não este, após tantos outros?
De te rever, após esse tratamento indigno.

A Comediante
Que seja; não falemos mais disso.

E assim por diante. Depois dessa dupla cena, uma de amantes, outra de esposos, quando Erasto reconduzia sua amante Lucila aos bastidores, ele lhe apertava o braço com uma violência capaz de arrancar a carne à sua querida mulher e respondia a seus gritos com as palavras mais insultantes e amargas.

O Segundo
Se eu ouvisse essas duas cenas simultâneas, creio que em minha vida nunca mais tornaria a pôr o pé no espetáculo.

O Primeiro

Se achas que esse ator e essa atriz sentiram, te perguntaria se foi na cena dos amantes ou na cena dos esposos ou numa e outra? Mas escuta a cena seguinte entre a mesma comediante e um outro ator, seu amante[23].

Enquanto o amante fala, a comediante diz de seu marido: "É um indigno, ele me chamou...; não me atreveria a repeti-lo a ti."

Enquanto ela fala, o amante lhe responde: "Será que não estás habituada a isso?..." E assim de copla em copla.

"Não vamos jantar esta noite? – Bem que eu gostaria; mas como escapar? – É problema teu. – Se ele vier a saber? – Tanto faz como fez e nós teremos à nossa frente uma doce noite. – Quem vamos convidar? – Quem quiseres. – Mas primeiro o cavalheiro, que tem origem. – A propósito do cavalheiro, sabes que dependeria só de mim sentir ciúmes dele? – E só de mim que tivesses razão?"

Assim é que esses seres tão sensíveis te pareciam estar inteiramente na cena elevada que ouvias, quando na verdade estavam apenas na cena baixa, que não ouvias; e tu exclamavas: "Deve-se confessar que essa mulher é uma atriz encantadora; que ninguém sabe escutar como ela e que representa com uma inteligência, uma graça, um interesse, uma fineza, uma sensibilidade pouco comum..." E eu ria de tuas exclamações.

Entretanto, esta atriz engana o marido com outro ator; este ator, com o cavalheiro e o cavalheiro, com um terceiro, que o cavalheiro surpreende nos braços dela. Este planejou uma grande vingança. Ele vai se postar nos balcões, nos degraus mais baixos. (Então o conde de Lauraguais[24] não havia ainda desobstruído nosso teatro.) Ali, ele esperava desconcertar a infiel com sua presença e com seus olhares desdenhosos, perturbá-la e expô-la às vaias da platéia. A peça tem início; sua traidora aparece; ele percebe o cavalheiro; e, sem se abalar em seu desempenho, ela lhe diz sorrindo: "Arre! O desagradável amuado que se irrita por nada." O cavalheiro sorri por sua vez. Ela continua: "Vens hoje à noite?" Ele se cala. Ela acrescenta: "Vamos acabar com essa briga sem graça e faz avançar tua

---

(23) Esta cena é extraída de *Préjugé à la mode* de Nivelle de La Chaussée (1692-1754), dramaturgo francês que misturava tragédia e comédia em suas peças, com rara maestria (NT).
(24) O conde de Lauraguais (1733-1824) patrocinou a reforma no teatro francês, livrando o palco de assentos destinados a autoridades e pessoas de prestígio que prejudicavam o movimento dos atores em cena (NT).

carruagem..." E sabes em que cena se intercalava esta? Numa das mais tocantes de *La Chaussée,* em que essa comediante soluçava e nos fazia derramar lágrimas ardentes. Isso te confunde; no entanto, é a estrita verdade.

O Segundo

É para me levar a não gostar do teatro.

O Primeiro

E por quê? Se essa gente não fosse capaz dessas proezas, então sim é que não se deveria ir. O que vou te contar, eu mesmo vi.

Garrick passa sua cabeça entre dois batentes de uma porta e, no intervalo de quatro a cinco segundos, seu rosto passa sucessivamente da alegria louca à alegria moderada, dessa alegria à tranqüilidade, da tranqüilidade à surpresa, da surpresa ao espanto, do espanto à tristeza, da tristeza ao abatimento, do abatimento ao pavor, do pavor ao horror, do horror ao desespero, e sobe deste último degrau àquele de onde havia descido. Será que sua alma pôde experimentar todas essas sensações e executar, de acordo com seu rosto, essa espécie de gama? Não creio em absoluto, nem tu tampouco. Se pedires a esse homem célebre, que só ele mereceria tanto que se fizesse a viagem à Inglaterra, como todas ruínas de Roma merecem que se faça a viagem à Itália; se lhe pedires, repito, a cena do *Pequeno Pasteleiro*, ele vai interpretá-la; se lhe pedires logo em seguida a cena de *Hamlet*, ele vai interpretá-la, igualmente pronto a chorar a queda de seus pequenos pastéis e a seguir no ar a trajetória de um punhal. Será que a gente ri, será que a gente chora, segundo a situação? O que a gente faz é uma careta mais ou menos fiel, mais ou menos enganadora, conforme se é ou não se é Garrick.

Eu ironizo às vezes, e até com bastante verdade, para iludir os homens do mundo, mesmo os mais isentos. Quando me desolo pela morte simulada de minha irmã na cena com o advogado normando; quando, na cena com o primeiro contínuo da marinha, eu me acuso por ter feito um filho à mulher de um capitão de navio, transparece em mim realmente o ar de quem sente dor e vergonha; mas estou aflito? Estou envergonhado? Não mais em minha pequena comédia do que na sociedade, onde executei esses dois papéis antes de introduzi-los numa obra de teatro[25]. O que é, pois, um grande comediante? Um grande ridicularizador trágico ou cômico, a quem o poeta ditou seu discurso.

Sedaine[26] escreve *O filósofo sem o saber*. Eu me interessava mais vivamente que ele no sucesso da peça; o ciúme de talentos é um vício que me é estranho, já tenho muitos outros sem esse: invoco o testemunho de todos os meus confrades em literatura, quando se dignaram por vezes me consultar sobre suas obras, se não fiz tudo o que dependia de mim para responder dignamente a essa marca distinta de sua estima! *O filósofo sem o saber* vacila na primeira, na segunda representação e eu fico aflito por causa disso; na terceira, vai às nuvens e eu me sinto enlevado de alegria. Na manhã seguinte, me atiro numa carruagem, corro atrás de Sedaine; era inverno, fazia o mais rigoroso frio; vou a toda parte onde espero encontrá-lo. Sou informado de que ele está no fim do bairro Saint-Antoine, mando que me levem até lá. Eu o abordo; lanço meus braços em torno de seu pescoço; a voz me falta e as lágrimas correm descendo pelas faces. Aí está o homem sensível e medíocre. Sedaine, imóvel e frio, me olha e me diz: "*Ah! Senhor Diderot, como és admirável!*" Aí está o observador e o homem de gênio.

Este fato, eu o contei um dia à mesa, na casa de um homem cujos talentos superiores o destinavam a ocupar o lugar mais importante do Estado, foi na casa do Sr. Necker[27]; havia um grande número de homens de letras, entre os quais Marmontel[28], que amo e a quem sou caro. Este me diz ironicamente: "Verás que, quando Voltaire se desola ao simples relato de um trecho patético e quando Sedaine guarda seu sangue-frio à vista de um amigo que se desfaz em lágrimas, é Voltaire que é o homem comum e Sedaine o homem de gênio!" Esta tirada me desconcerta e me reduz ao silêncio, porque o homem sensível, como eu, que está todo inteiro no que se lhe objeta, perde a cabeça e não se reencontra senão ao pé da escada. Um outro, frio e senhor de si mesmo, teria respondido a

---

(25) Trata-se de *La Pièce et le Prologue*, primeiro esboço do que se tornaria em 1781 *Est-il bon? Est-il méchant?* – É bom? É mau? (NT).
(26) Michel Jean Sedaine (1719-1797), dramaturgo francês (NT).
(27) Jacques Necker (1732-1804), estadista e financista suíço que trabalhava no setor bancário em Paris. Fez fortuna, tornou-se banqueiro e foi primeiro diretor geral das finanças da França e depois ministro de Estado do rei Luís XVI (NT).
(28) Jean François Marmontel (1723-1799), escritor e dramaturgo francês (NT).
(29) *Le Déserteur*, drama em três atos, musicado, elaborado por italianos em 1769; *Maillard ou Paris sauvé*, tragédia em cinco atos e em prosa de Sedaine, censurada em 1770, mas liberada a partir de 1788 (NT).

Marmontel: "Tua reflexão ficaria melhor em outra boca que não a tua, porque tu não sentes mais que Sedaine e porque tu também fazes coisas muito belas, e ainda porque, seguindo a mesma carreira que ele, podes deixar a teu vizinho o cuidado de apreciar imparcialmente seu mérito. Mas sem querer preferir Sedaine a Voltaire, nem Voltaire a Sedaine, poderias me dizer o que teria saído da cabeça do autor de *O filósofo sem o saber,* do *Desertor* e de *Paris salva*[29], se, em vez de passar trinta e cinco anos de sua vida a amassar o estuque e a cortar a pedra, tivesse empregado todo o tempo, como Voltaire, tu e eu, em ler e meditar Homero, Virgílio, Tasso, Cícero, Demóstenes e Tácito? Nós nunca poderemos ver como ele e ele teria aprendido a falar como nós. Eu o encaro como um dos descendentes de Shakespeare; este Shakespeare que não vou comparar nem ao *Apolo do Belvedere*, nem ao *Gladiador*, nem a *Antínoo*, nem ao *Hércules de Glícon,* mas a nosso São Cristóvão da Notre-Dame, colosso informe grosseiramente esculpido, mas entre as pernas do qual poderíamos passar todos sem que nossa fronte tocasse suas partes vergonhosas".

Mas um outro episódio em que vou te mostrar um personagem tornado, num momento, chato e tolo por sua sensibilidade e, no momento seguinte, sublime por seu sangue-frio que sucedeu à sensibilidade abafada, é o seguinte:

Um literato, cujo nome vou calar, havia caído na extrema indigência. Tinha um irmão, professor de teologia e rico. Perguntei ao indigente por que o irmão não o socorria. "É que, me respondeu, agi muito mal com ele". Obtenho dele a permissão de ir procurar o senhor professor de teologia. Vou. Anunciam-me; entro. Digo ao professor de teologia que vou falar do irmão dele. Ele me toma bruscamente pela mão, me faz sentar e me observa que cabe a um homem sensato conhecer aquele cuja causa advoga; depois, apostrofando-me com energia: "Conheces meu irmão?" – Creio que sim. – Sabes de seu procedimento para comigo? – Creio que sim. – Tu o crês? Sabes, pois?..." E aí está meu professor de teologia que me recita, com uma rapidez e uma veemência surpreendentes, uma série de ações, umas mais atrozes, mais revoltantes que as outras. Minha cabeça se embaralha, sinto-me acabrunhado; perco a coragem de defender um monstro tão abominável como aquele que me era pintado. Felizmente meu professor de teologia, um pouco prolixo em sua filípica, me deu tempo para me recompor; pouco a pouco o homem sensível se retirou e cedeu lugar ao homem eloqüente, pois ousaria dizer que o fui nessa ocasião. "Senhor, eu disse friamente ao professor de teologia, teu irmão agiu pior ainda e eu te louvo por me ocultar o mais gritante de seus crimes. – Não oculto nada. – Poderias acrescentar a tudo o que me disseste que uma noite, quando saíste de tua casa para ir às matinas, ele te agarrou pela garganta e, puxando uma faca escondida debaixo da roupa, esteve a ponto de enfiá-la em teu peito. – Ele é bem capaz disso; mas, se não o acusei, é porque não é verdade..." E eu, levantado-me subitamente e cravando em meu teólogo um olhar firme e severo, exclamei com voz trovejante, com toda a veemência e a ênfase da indignação: "E mesmo que isso fosse verdade, não seria ainda assim necessário dar pão a teu irmão?" O teólogo, esmagado, consternado, confundido, permanece mudo, anda de cá para lá, volta a mim e me concede uma pensão anual para seu irmão[30].

Será no momento em que acabas de perder teu amigo ou tua amante que vais compor um poema sobre sua morte? Não. Infeliz daquele que desfruta então de seu talento! É quando a grande dor passou, quando a extrema sensibilidade está amortecida, quando se está longe da catástrofe, quando a alma está apaziguada, que a gente se lembra da felicidade eclipsada, que se é capaz de apreciar a perda sofrida, que a memória se reúne à imaginação, uma para descrever e a outra para exagerar a doçura de um tempo passado; que a gente se domina e se fala bem. Dizem que se chora, mas ninguém chora quando persegue um epíteto enérgico que se recusa; dizem que se chora, mas ninguém chora quando se ocupa a tornar seu verso harmonioso: ou se as lágrimas correm, a caneta cai das mãos, a gente se entrega ao sentimento e cessa de compor.

Mas há prazeres violentos assim como penas profundas; são mudos. Um amigo terno e sensível revê um amigo que havia perdido por uma longa ausência; este reaparece num momento inesperado e logo o coração do primeiro se perturba: corre, abraça, quer falar; não consegue: tartamudeia palavras entrecortadas, não sabe o que diz, não ouve nada do que se responde a ele; se pudesse perceber que seu delírio não é compartilhado, como sofreria! Julga pela verdade desta pintura da falsidade dessas entrevistas teatrais em que dois amigos dispõem de tanto espírito e se dominam tão bem. O que não te diria dessas insípidas e eloqüentes disputas acerca de quem vai morrer

---

(30) O literato, em favor do qual Diderot interviera, era Pierre-Louis Rivière, autor de dois romances; o irmão dele, professor de teologia em Notre-Dame de Paris, era o padre Bonaventure Rivière, dito Pelvert (NT).

ou, melhor, acerca de quem não vai morrer, se esse texto, sobre o qual eu não terminaria nunca, não nos afastasse de nosso tema? É o bastante para pessoas de grande e verdadeiro gosto; o que eu acrescentasse nada ensinaria aos outros. Mas quem é que vai salvar esses absurdos tão comuns no teatro? O comediante, e qual comediante?

Há mil circunstâncias para uma em que a sensibilidade é tão prejudicial na sociedade como no palco. Aí estão dois amantes, ambos têm uma declaração a fazer. Qual deles se sairá melhor? Certamente não sou eu. Eu me lembro, eu me aproximava do objeto amado todo trêmulo; o coração batia, minhas idéias se embaralhavam; minha voz se embargava, eu estropiava tudo o que dizia; respondia *não* quando devia responder *sim*; cometia mil tolices, bobagens sem fim; era ridículo da cabeça aos pés, eu o percebia e me tornava mais ridículo ainda. Ao passo que, debaixo de meus olhos, um rival alegre, agradável e leve, dominando-se, desfrutando de si mesmo, não deixando escapar nenhuma ocasião de elogiar, e de elogiar finamente, divertia, agradava, era feliz; solicitava uma mão que lhe era estendida, segurava-a às vezes sem tê-la solicitado, beijava-a, beijava-a ainda e eu, recolhido num canto, desviando meus olhares de um espetáculo que me irritava, abafando meus suspiros, fazendo estalar meus dedos à força de cerrar os punhos, prostrado de melancolia, coberto de um suor frio, eu não podia mostrar nem ocultar minha aflição. Já foi dito que o amor, que tirava o espírito aos que o possuíam, concedia-o àqueles que não o possuíam; isto é, em outros termos, que tornava uns sensíveis e tolos, e os outros, frios e empreendedores.

O homem sensível obedece aos impulsos da natureza e não expressa precisamente senão o grito de seu coração; no momento em que modera ou força esse grito, não é mais ele, é um comediante que representa.

O grande comediante observa os fenômenos; o homem sensível lhe serve de modelo, ele o medita e encontra, por reflexão, o que se deve acrescentar ou subtrair para o melhor. E depois, fatos ainda segundo razões.

Na primeira representação de *Inês de Castro*[31], na passagem em que as

....

(31) Esta tragédia de Houdar de La Motte (1672-1731), dramaturgo francês, foi encenada pela primeira vez em 1723; Inês de Castro (1320-1355) era amante do príncipe Pedro, depois Dom Pedro I, rei de Portugal; desposou o príncipe secretamente em 1354, mas foi assassinada por ordem de seu sogro, Afonso IV. Camões se inspirou na história dela para um episódio em *Os Lusíadas* (NT).

crianças aparecem, a platéia desatou a rir; a Duclos[32], que interpretava a Inês, indignada, disse à platéia: "Ri, pois, imbecil platéia, na passagem mais bela da peça." A platéia ouviu, se conteve; a atriz retomou seu papel e suas lágrimas e as do espectador rolaram. Como então! Será que se passa e se repassa assim de um sentimento profundo a outro sentimento profundo, da dor à indignação, da indignação à dor? Não acredito que sejam assim; mas o que acredito realmente é que a indignação da Duclos era real e sua dor simulada.

Quinalt-Dufresne[33] interpreta o papel de Severo em *Polieucto*[34]. Ele foi enviado pelo imperador Décio para perseguir os cristãos. Confia seus sentimentos secretos a um amigo a respeito dessa seita caluniada. O senso comum exigia que essa confidência, que podia lhe custar o favor do príncipe, sua dignidade, sua fortuna, sua liberdade e talvez sua vida, fosse feita em voz baixa. A platéia grita: "Mais alto." Ele replica à platéia: "E vocês, senhores, mais baixo." Se fosse realmente Severo, se teria tornado de novo tão rapidamente Quinault? Não, te digo, não. Somente o homem que se domina, como sem dúvida ele se dominava, o ator raro, o comediante por excelência, pode assim depor e retomar sua máscara.

Le Kain-Ninias[35] desce ao túmulo do pai e ali degola a mãe; sai com as mãos ensangüentadas. Fica tomado de horror, seus membros tremem, seus olhos estão esbugalhados, seus cabelos parecem eriçar-se na cabeça. Sentes os teus se arrepiar, o terror toma conta de ti, ficas tão perdido como ele. Entretanto, Le Kain-Ninias empurra com o pé para os bastidores um pingente de diamante que se havia desprendido da orelha de uma atriz. E esse ator sente? Não é possível. Dirás que é mau ator? Não creio em absoluto. O que é, pois, Le Kain-Ninias? É um homem frio que não sente nada, mas que configura superiormente a sensibilidade. É inútil gritar: "Onde estou?" Eu lhe respondo: "Onde estás? Sabes muito bem: estás no palco e empurras com o pé

....
(32) Marie-Anne de Châteauneuf, dita senhorita Duclos (1688-1748), atriz consagrada, conhecida por seu uso imoderado do patético e pela ênfase declamatória, por seu temperamento explosivo e por sua conduta desregrada, se retirou de cena em 1733 (NT).
(33) Abraham-Alexis Quinault, dito Quinault Dufresne (1693-1767), ator, interpretou os primeiros papéis trágicos e cômicos até o ano de 1741, ano de sua retirada de cena (NT).
(34) Tragédia de Pierre Corneille (1606-1684), poeta e dramaturgo francês (NT).
(35) Interpretação de Ninias, personagem da peça *Semíramis* de Voltaire, pelo ator Lekain que no final mata sua mãe, a rainha Semíramis de Babilônia, quando pretendia matar o príncipe Assur, assassino de seu pai com a cumplicidade da rainha (NT).

um pingente para os bastidores."

Um ator é tomado de paixão por uma atriz; uma peça os coloca por acaso em cena num momento de ciúmes. A cena ganhará com isso, se o ator for medíocre; perderá, se for comediante; então, o grande comediante se torna ele próprio e não é mais o modelo ideal e sublime que havia construído de um ciumento. Uma prova de que então o ator e a atriz se rebaixam um e outro à vida comum é que, se conservassem sua afetação, haveriam de rir um na cara do outro; o ciúme pomposo e trágico não lhes pareceria muitas vezes senão uma farsa do seu.

O Segundo
Entretanto, haverá verdades de natureza.

O Primeiro
Como as há na estátua do escultor que traduziu fielmente um mau modelo. A gente admira essas verdades, mas a gente acha o todo pobre e desprezível.

Digo mais: um meio seguro de representar de modo pequeno, mesquinho, é ter de representar seu próprio caráter. És um tartufo, um avaro, um misantropo, tu o representarás bem; mas não farás nada daquilo que o poeta fez; pois foi ele mesmo que criou o Tartufo, o Avaro e o Misantropo.

O Segundo
Que diferença estabeleces, pois, entre um tartufo e o Tartufo?

O Primeiro
O contador Billard[36] é um tartufo, o padre Grizel é um tartufo, mas não é o Tartufo. O financista Toinard era um avaro, mas não era o Avaro. O Avaro e o Tartufo foram feitos segundo todos os Toinards e todos os Grizels do mundo; são seus traços mais gerais e mais marcantes, mas não o retrato exato de cada

---

(36) Billard era caixa geral, armou uma falência fraudulenta em 1769 e foi condenado ao pelourinho em 1772; o diretor dele, padre Grizel, estava implicado na trama; Toinard, diretor do setor de arrecadação de impostos, era conhecido por sua extrema avareza (NT).

(37) Louis Lagrenée (1725-1805), pintor francês, diretor da Academia Francesa em Roma no ano de 1781. Aqui se alude a um salão de exposições de 1767, quando Lagrenée expôs duas pequenas telas, *La Poésie* e *La Philosophie*, adquiridas por Diderot (NT).

um; por isso ninguém se reconhece neles.

As comédias de verve e mesmo de caracteres são exageradas. O gracejo de sociedade é uma espuma leve que se evapora no palco; o gracejo de teatro é uma arma cortante que feriria na sociedade. Não se tem com seres imaginários o comedimento que se deve ter com seres reais.

A sátira é de um tartufo e a comédia e do Tartufo. A sátira persegue um vicioso, a comédia persegue um vício. Se tivesse existido somente uma ou duas Preciosas ridículas, se poderia fazer uma sátira delas, mas não uma comédia.

Vai à casa de La Grenée[37], pede-lhe a *Pintura* e ele julgará ter satisfeito teu pedido, quando tiver colocado em sua tela uma mulher diante de um cavalete, com a paleta enfiada no polegar e o pincel na mão. Pede-lhe a *Filosofia* ele julgará tê-la representado, quando, diante de uma mesa de trabalho à noite, ao clarão de uma lamparina, tiver apoiada sobre o cotovelo uma mulher em roupão, cabelos desgrenhados e pensativa, que lê ou medita. Pede-lhe a *Poesia* e ele vai pintar a mesma mulher, com a cabeça cingida de um laurel e em cuja mão vai colocar um rolo. A *Música* será ainda a mesma mulher, com uma lira em lugar do rolo. Pede-lhe a *Beleza*, pede mesmo essa figura a alguém mais hábil do que ele, ou eu me engano muito ou este último vai se persuadir de que exiges de sua arte nada mais que a figura de uma bela mulher. Teu ator e este pintor caem ambos no mesmo defeito e eu lhes diria: "Teu quadro, teu desempenho são apenas retratos de indivíduos muito abaixo da idéia geral que o poeta traçou e do modelo ideal cuja cópia eu esperava. Tua vizinha é linda, muito linda; de acordo: mas não é a Beleza. Há tanta distância entre tua obra e teu modelo quanto entre teu modelo e o ideal."

O Segundo

Mas esse modelo ideal não seria uma quimera?

O Primeiro

Não.

O Segundo

Mas, sendo ideal, não existe: ora, não há nada no entendimento que não tenha estado na sensação.

O Primeiro

É verdade. Mas tomemos uma arte em sua origem, a escultura, por exemplo. Ela copiou o primeiro modelo que se apresentou. Viu em seguida que havia modelos menos imperfeitos, que preferiu. Corrigiu os defeitos grosseiros desses até que, por uma longa seqüência de trabalhos, atingiu uma figura que não existia mais na natureza.

O Segundo

E por quê?

O Primeiro

Porque é impossível que o desenvolvimento de uma máquina tão complicada como um corpo animal seja regular. Vai às Tuileries ou aos Champs-Elysées[38] num belo dia de festa; considera todas as mulheres que vão encher as alamedas e não vais encontrar uma só que tenha os dois cantos da boca perfeitamente similares. A Dânae de Ticiano[39] é um retrato; o Amor, colocado ao pé de seu leito, é ideal. Num quadro de Rafael[40], que passou da galeria do senhor de Thiers para a de Catarina II, o São José é uma natureza comum; a Virgem é uma bela mulher real; o Menino Jesus é ideal. Mas se quiseres saber algo mais sobre esses princípios especulativos da arte, vou te comunicar meus Salões[41].

---

(38) Denominação de dois bairros de Paris (NT).
(39) Quadro de Tiziano Vecellio (1489-1576), feito sob encomenda do rei da Espanha Felipe II e que hoje se encontra no museu do Prado, em Madri (NT).
(40) Trata-se da Sagrada Família ou A Madonna com São José imberbe. Este quadro fazia parte da grande coleção de Louis-Antoine Crozat, barão de Thiers, principal herdeiro de Pierre Crozat (1665-1740), provavelmente o maior colecionador do século XVIII. A coleção completa de Thiers foi comprada em 1771 por Diderot e Tronchin por solicitação de Catarina II da Rússia, tendo sido transferida para o museu de Ermitage de São Petersburgo (NT).
(41) Coleções de arte que compunham nove Salões (NT).

O Segundo
Ouvi falar deles com elogios por parte de um homem de fino gosto e de espírito delicado.

O Primeiro
O senhor Suard[42].

O Segundo
E por uma mulher que possui tudo o que a pureza de uma alma angélica acrescenta à fineza do gosto.

O Primeiro
A senhora Necker.

O Segundo
Mas voltemos a nosso assunto.

O Primeiro
Consinto, embora prefira louvar a virtude a discutir questões bastante ociosas.

O Segundo
Quinault-Dufresne, glorioso de caráter, interpretava maravilhosamente o Glorioso[43].

O Primeiro
É verdade; mas de onde sabes que ele interpretava a si mesmo? Ou por que a natureza não teria feito um glorioso muito próximo do limite que separa o belo real do belo ideal, limite sobre o qual se digladiam as diferentes escolas?

---

(43) Personagem principal de uma peça de Destouches (1680-1754), interpretado por Quinault-Dufresne (NT).
(44) Personagem da peça *Zaíra* de Voltaire (NT).

O Segundo

Não te entendo.

O Primeiro

Sou mais claro em meus Salões, onde te aconselho a ler o trecho sobre a beleza em geral. Esperando isso, dize-me, Quinault-Dufresne é Orosmano[44]? Não. Entretanto, quem é que o substituiu e o substituirá nesse papel? Era ele o homem do *Preconceito da moda?* Não. Entretanto, com que autenticidade não o representava ele!

O Segundo

A te ouvir, o grande comediante é tudo e não é nada.

O Primeiro

E talvez é porque não é nada que é tudo por excelência, não contrariando jamais sua forma particular as formas estranhas que deve assumir.

Entre todos aqueles que exerceram a útil e bela profissão de comediantes ou de pregadores leigos, um dos homens mais honestos, um dos homens que mais possuía a fisionomia, o tom e o porte, o irmão do *Diabo Coxo*, de *Gil Blas*, do *Bacharel de Salamanca*[45], Montménil[46]...

O Segundo

O filho de Le Sage, pai comum de toda essa agradável família...

O Primeiro

Fazia com igual sucesso Aristo em *A Pupila*, Tartufo na comédia do mesmo nome, Mascarilho em *As Artimanhas de Scapin*[47], o advogado ou senhor Guillaume na farsa de *Patelin*[48].

....

(42) Jean-Baptiste Suard (1731-1817), jornalista e crítico francês, diretor de *La Gazette littéraire de l'Europe* (NT).
(45) Três romances satíricos de Alain René Lesage (1668-1747), escritor francês, sendo que o primeiro se baseia em *El Diablo Cojuelo* do escritor espanhol Luis Vélez de Guevara (1579-1644), publicado nesta coleção da Editora Escala com o título *O Diabo Coxo* (NT).
(46) Lesage de Montménil (1703-1743), filho de Alain René Lesage (vide nota anterior), ator na *Comédie Française* (NT).
(47) Peças teatrais de Fagan, a primeira, e de Molière (NT).
(48) *Patelin* ou *Pathelin* ou *A farsa de mestre Patelin*, de autor desconhecido, escrita na segunda metade do século XV e que alcançou estrondoso sucesso (NT).

O Segundo

Eu o vi.

O Primeiro

E para teu grande espanto, tinha a máscara desses diferentes rostos. Não era de forma natural, pois a natureza não lhe havia dado senão a dele; tinha, pois, as outras da arte.

Será que existe uma sensibilidade artificial? Mas seja factícia, seja inata, a sensibilidade não ocorre em todos os papéis. Qual é, portanto, a qualidade adquirida ou natural que constitui o grande ator no *Avaro*, no *Jogador*, no *Adulador*, no *Rabugento*, no *Médico*[49], apesar dele, no ser menos sensível e no mais imoral que a poesia tenha ainda imaginado, o Burguês cavalheiro, o Doente e o Corno imaginários[50]; em Nero, Mitridates, Atreu, Focas, Sertório[51] e em tantos outros caracteres trágicos ou cômicos, nos quais a sensibilidade é diametralmente oposta ao espírito do papel? A facilidade de conhecer e de copiar todas as naturezas. Acredita-me, não multipliquemos as causas quando uma basta para todos os fenômenos.

Ora o poeta sentiu mais fortemente que o comediante, ora, e com mais freqüência talvez, o comediante concebeu mais fortemente que o poeta; e nada é mais verdadeiro que esta exclamação de Voltaire, ao ouvir a Clairon numa de suas peças: *"Fui realmente eu quem fez isso?"* Será que a Clairon sabe mais a respeito que Voltaire? Nesse momento pelo menos seu modelo ideal, ao declamar, estava muito além do modelo ideal que o poeta havia imaginado ao escrever, mas esse modelo ideal não era ela. Qual era, pois, seu talento? O de imaginar um grande fantasma e copiá-lo com genialidade. Ela imitava o movimento, as ações, os gestos, toda a expressão de um ser muito acima dela. Havia encontrado o que Ésquines[52], recitando uma oração de Demóstenes, nunca conseguiu transmitir, o mugido da besta. Dizia a seus discípulos: "Se

---

(49) Diderot cita várias peças de diferentes autores, como *O Rabugento* (1691) de Bruyeis e Palaprat, *O Adulador* (1696) de Jean-Baptiste Rousseau, *O Jogador* (1696) de Regnard (NT).
(50) Peças de Jean-Baptiste Poquelin, dito Molière (1622-1673), dramaturgo francês (NT).
(51) Personagens de diversas peças de autores diferentes, como Molière, Crébillon, Corneille (NT).
(52) Ésquines (390-314 a.C.), orador grego, adversário de Demóstenes (NT).

isso os impressiona tão fortemente, o que aconteceria então *si audivissetis bestiam mugientem*⁽⁵³⁾?" O poeta havia engendrado o animal terrível, a Clairon o fazia mugir.

Seria singular abuso das palavras chamar sensibilidade essa facilidade de reproduzir todas as naturezas, mesmo as naturezas ferozes. A sensibilidade, segundo a única acepção que foi conferida até agora ao termo, é, parece-me, essa disposição companheira da fraqueza dos órgãos, conseqüência da mobilidade do diafragma, da vivacidade da imaginação, da delicadeza dos nervos, que inclina alguém a compadecer-se, a tremer, a admirar, a temer, a perturbar-se, a chorar, a desmaiar, a socorrer, a fugir, a gritar, a perder a razão, a exagerar, a desprezar, a não ter nenhuma idéia precisa do verdadeiro, do bom e do belo, a ser injusto, a ser louco. Multiplica as almas sensíveis e multiplicarás na mesma proporção as boas e más ações de todo gênero, os elogios e as recriminações exageradas.

Poetas, esforcem-se por uma nação delicada, etérea e sensível; encerrem-se nas harmoniosas, ternas e tocantes elegias de Racine; ela se salvaria das carnificinas de Shakespeare: essas almas fracas são incapazes de suportar abalos violentos. Guardem-se realmente de lhes apresentar imagens muito fortes. Mostrem-lhes, se quiserem,

O filho todo desgostoso com o assassínio do pai
E sua cabeça na mão, exigindo seu salário[54];

mas não vão além. Se ousarem lhes dizer com Homero: "Para onde vais tu, infeliz? Não sabes, pois, que é a mim que o céu envia os filhos de pais desafortunados? Tu não receberás os derradeiros abraços de tua mãe; já te vejo estendido sobre a terra, já vejo as aves de rapina, reunidas em torno de teu cadáver, te arrancar os olhos da cabeça, batendo as asas de alegria." Todas as nossas mulheres exclamariam, desviando a cabeça: "Ah! que horror!..." Seria bem pior se este discurso, pronunciado por um grande comediante, fosse ainda fortalecido por sua verdadeira declamação.

---

(53) Frase latina extraída de *Epistolae* (53,2) de São Jerônimo (347-420) que significa "se tivésseis ouvido a besta mugindo" (NT).
(54) *Cinna*, I, 3, peça de Corneille (NT).

O Segundo

Estou tentado a te interromper para te perguntar o que pensas daquele vaso apresentado a *Gabrielle de Vergy* que nele via o coração sangrando de seu amante[55].

O Primeiro

Vou te responder que é preciso ser conseqüente e que, quando alguém se revolta contra esse espetáculo, não deve suportar que Édipo se mostre com os olhos vazados, e que cumpre expulsar da cena Filoctetes atormentado por seu ferimento e exalando sua dor por meio de gritos desarticulados. Os antigos tinham, parece-me, outra idéia da tragédia do que nós a temos e esses antigos eram os gregos, eram os atenienses, esse povo tão delicado, que nos deixou em todos os gêneros modelos que as outras nações ainda não igualaram. Ésquilo, Sófocles, Eurípedes[56] não velavam anos inteiros para produzir apenas essas pequenas impressões passageiras que se dissipam na alegria de um jantar. Eles queriam entristecer profundamente com a sorte dos infelizes; queriam, não divertir somente seus concidadãos, mas torná-los melhores. Estavam errados? Tinham razão? Para esse efeito, faziam correr no palco as Eumênides[57], seguindo as pegadas do parricida, e conduzidas pelo vapor do sangue que atingia o olfato. Eles tinham demasiado discernimento para aplaudir esses *imbróglios*, essas escamoteações de punhais, que são bons somente para crianças. Uma tragédia não é, na minha opinião, senão uma bela página histórica que se divide em certo número de pausas marcadas. Espera-se o xerife. Ele chega. Interroga o senhor da aldeia. Propõe-lhe apostasiar. Este se recusa. O xerife o condena à morte. Manda-o para a cadeia. A filha vem pedir graça em favor do pai. O xerife a concede com uma condição revoltante. O senhor da aldeia é executado. Os habitantes perseguem o xerife. Este foge diante deles. O namorado da filha do senhor o mata com uma punhalada; e o atroz intolerante morre no meio de imprecações. Não é preciso mais a um

....

(55) Cena de Gabrielle de Vergy, tragédia do dramaturgo francês Belloy (1727-1775), publicada em 1770 e levada ao palco em 1777 (NT).
(56) Ésquilo (525-456 a.C.), Sófocles (496-406 a.C.), Eurípides (480-406 a.C.): três poetas trágicos gregos (NT).
(57) *As Eumênides*, poema trágico de Ésquilo (NT).

poeta para compor uma grande obra. Que a filha vá interrogar a mãe sobre seu túmulo, a fim de saber o que deve àquele que lhe deu a vida. Que esteja incerta sobre o sacrifício da honra que exigem dela. Que, nessa incerteza, mantenha o namorado longe dela e se recuse aos discursos de sua paixão. Que obtenha a permissão de ver o pai na prisão. Que o pai queira uni-la ao namorado e que ela não consinta. Que se prostitua. Que, enquanto ela se prostitui, o pai seja executado. Que se ignore sua prostituição até o momento em que o namorado, vendo-a desolada pela morte do pai, que ele lhe conta, fica sabendo do sacrifício que ela fez para salvá-lo. Que então o xerife, perseguido pelo povo, chegue e que seja massacrado pelo namorado. Aí está uma parte dos detalhes de semelhante tema[58].

O Segundo

Uma parte!

O Primeiro

Sim, uma parte. Será que os jovens namorados não vão propor ao senhor da aldeia de fugir? Será que os habitantes não vão lhe propor exterminar o xerife e seus partidários? Será que não vai haver um sacerdote defensor da tolerância? Será que no meio dessa jornada de dor o namorado vai ficar ocioso? Será que não há ligações a supor entre esses personagens? Será que não há qualquer proveito a tirar dessas ligações? Será que esse xerife não pode ter sido o amante da filha do senhor da aldeia? Será que não vai se voltar com a alma cheia de vingança, tanto contra o pai que o terá expulso do vilarejo, como contra a filha que o terá desdenhado? Quantos incidentes importantes podem ser tirados do tema mais simples, quando se tem paciência para meditá-lo! Que cor não se pode lhes conferir quando se é eloqüente! Ninguém é poeta dramático sem ser eloqüente. E acreditas que terei falta de espetáculo? Esse interrogatório será feito com todo o seu devido aparato. Deixa-me dispor de meu local e vamos dar um fim a essa digressão.

....

(58) Este é um esboço de uma tragédia de Diderot, intitulada *Le Shérif* (O xerife), mas que nunca chegou a concluir (NT).

Eu te tomo como testemunha, Roscius[59] inglês, célebre Garrick, tu que, pelo consenso unânime de todas as nações subsistentes, passas pelo primeiro comediante que elas conheceram, presta homenagem à verdade! Não me disseste que, embora sentisses fortemente, tua ação seria fraca se, qualquer que fosse a paixão ou o caráter que tivesses de interpretar, não soubesses te elevar pelo pensamento à grandeza de um fantasma homérico, com o qual procuravas te identificar? Quando te objetei que não era, portanto, de acordo contigo mesmo que representavas, confessa tua resposta: não me declaraste que era isso o que realmente evitavas e que não parecias tão surpreendente no palco senão porque mostravas sem cessar no espetáculo um ser de imaginação que não era tu?

O Segundo

A alma de um grande comediante foi formada do elemento sutil com o qual nosso filósofo[60] preenchia o espaço que não é nem frio, nem quente, nem pesado, nem leve, não assume nenhuma forma determinada e que, sendo igualmente suscetível de todas, não conserva nenhuma.

O Primeiro

Um grande comediante não é um piano, nem uma harpa, nem um cravo, nem um violino, nem um violoncelo; não tem acorde que lhe seja próprio; mas toma o acorde e o tom que convêm à sua parte e sabe prestar-se a todos. Nutro elevada idéia do talento de um grande comediante: este homem é raro, tão raro e talvez mais do que o grande poeta.

Aquele que na sociedade se propõe e tem o infeliz talento de agradar a todos não é nada, não tem nada que lhe pertença, que o distinga, que encante uns e fatigue outros. Fala sempre, e sempre bem; é um adulador profissional, é um grande cortesão, é um grande comediante.

---

(59) Célebre ator romano do século I antes de Cristo, amigo de Cícero (NT).
(60) Esta teoria é de Epicuro (341-270 a.C.), filósofo grego (NT).

O Segundo

Um grande cortesão, acostumado, desde que respira, ao papel de fantoche maravilhoso, assume toda espécie de formas, ao bel-prazer do barbante que está nas mãos de seu senhor.

O Primeiro

Um grande comediante é outro fantoche maravilhoso cujo barbante é o poeta que segura e ao qual indica a cada linha a verdadeira forma que deve assumir.

O Segundo

Assim um cortesão, um comediante, que não podem assumir senão uma forma, por mais bela, por mais interessante que seja, não passam de dois maus fantoches?

O Primeiro

Meu propósito não é caluniar uma profissão que amo e estimo; falo daquela do comediante. Ficaria desolado se minhas observações, mal interpretadas, vinculassem a sombra do desprezo a homens de talento raro e utilidade real, aos flagelos do ridículo e do vicio, aos mais eloqüentes pregadores da honestidade das virtudes, à vara de que o homem de gênio se utiliza para castigar os maus e os loucos. Mas volve os olhos em torno de ti, e verás que as pessoas de uma alegria contínua não possuem nem grandes defeitos nem grandes qualidades; que geralmente os gracejadores de profissão são homens frívolos, sem nenhum princípio sólido; e que aqueles que, semelhantes a certas personagens que circulam em nossas sociedades, não têm nenhum caráter, primam em desempenhar todos.

Um comediante não tem pai, mãe, mulher, filhos, irmãos, irmãs, conhecidos, amigos, amante? Se fosse dotado dessa estranha sensibilidade, que se considera como a principal qualidade de sua condição, perseguido como nós e atingido por uma infinidade de penas que se sucedem e que ora enfraquecem nossas almas, ora as dilaceram, quantos dias lhe restariam para conceder a nosso divertimento? Muito poucos. O cavalheiro da câmara real[61] interporia em vão

---

(61) No original francês: *Le gentilhomme de la chambre*, isto é, um dos quatro cavalheiros da câmara do rei (geralmente duques e pares) encarregado da superintendência de todos *os divertimentos do rei*, entre os quais ficavam em primeiro plano as artes do espetáculo (NT).

sua soberania, o comediante se encontraria com freqüência no caso de lhe responder: "Senhor, hoje eu não saberia rir, ou, é por outra coisa que não seja pelos cuidados de Agamenon que desejo chorar." Entretanto, não se percebe que as aflições da vida, tão freqüentes para eles como para nós, e muito mais contrárias ao livre exercício de suas funções, o interrompam seguidamente.

No mundo, quando não são bufões, acho-os polidos, cáusticos e frios, faustosos, dissipados, dissipadores, interessados, mais impressionados por nosso ridículo que tocados por nossos males; de um espírito bastante sereno diante do espetáculo de um acontecimento lastimável ou diante do relato de uma aventura patética; isolados, vagabundos, submissos aos grandes; poucos modos, sem amigos, quase nenhuma dessas santas e doces ligações que nos associam às penas e aos prazeres de outro que condivide os nossos. Vi muitas vezes um comediante rir fora do palco, não tenho lembrança de jamais ter visto um deles chorar. Essa sensibilidade que eles se arrogam e que se concede a eles, o que fazem dela então? Deixam-na sobre o palco quando descem dele, para retomá-la quando tornam a subir nele?

O que lhes calça a luva ou o coturno? A falta de educação, a miséria e a libertinagem. O teatro é um recurso, nunca uma escolha. Jamais alguém se fez comediante por gosto pela virtude, pelo desejo de ser útil na sociedade e de servir a seu país ou sua família, por nenhum dos motivos honestos que poderiam mover um espírito reto, um coração ardente, uma alma sensível para uma profissão tão bela.

Eu mesmo, jovem, oscilava entre a Sorbonne e a *Comédie*. Ia, no inverno, durante a estação mais rigorosa recitar em voz alta os papéis de Molière e de Corneille nas alamedas solitárias do Luxemburgo[62]. Qual era meu projeto? Ser aplaudido? Talvez. Viver na intimidade com as mulheres do teatro que eu achava infinitamente amáveis e que eu sabia serem muito fáceis? Certamente. Não sei o que eu teria feito para agradar à senhorita Gaussin que então estreava e era a beleza personificada; à senhorita Dangeville[63], que revelava tantos atrativos no palco.

Houve quem dissesse que os comediantes não tinham nenhum caráter

....
(62) Jardim e parque parisiense (NT).
(63) Marie-Anne Botot, dita senhorita Dangeville (1714-1796), dançou no Ópera antes de estrear na *Comédie Française* (NT).

porque, representando todos, perdiam aquele que a natureza lhes havia dado; que se tornavam falsos, como o médico, o cirurgião e o açougueiro se tornam duros. Creio que se tomou a causa pelo efeito e que eles não são aptos a interpretá-los todos porque não têm nenhum.

O Segundo

Ninguém se torna cruel porque é carrasco; mas a gente se faz carrasco porque é cruel.

O Primeiro

É inútil para mim examinar esses homens. Nada vejo neles que os distinga do resto dos cidadãos, a não ser uma vaidade que se poderia chamar insolência, um ciúme que enche de querelas e ódios suas reuniões. Entre todas as associações, não há talvez nenhuma onde o interesse comum de todos e aquele do público sejam mais constantemente e mais evidentemente sacrificados a pequenas pretensões miseráveis. A inveja é ainda pior entre eles do que entre os autores; é dizer muito, mas é verdade. O poeta perdoa mais facilmente a outro poeta o sucesso de uma peça, do que uma atriz perdoa a outra atriz os aplausos que a designam a algum ilustre ou rico devasso. Tu os vês grandes em cena, porque têm alma, dizes; de minha parte, eu os vejo pequenos e baixos na sociedade, porque não a têm em absoluto: com as palavras e o tom de Camila e do velho Horácio, sempre os costumes de Frosina e de Sganarello[64]. Ora, para julgar o fundo do coração, será preciso que me reporte a discursos emprestados, que se sabe expressar maravilhosamente, ou à natureza dos atos e ao teor da vida?

O Segundo

Mas outrora Molière, os Quinault[65], Montménil[66], mas hoje Brizard[67] e

---

(64) As duas primeiras personagens fazem parte da tragédia *Horácio* de Pierre Corneille (1606-1684), enquanto Frosina é personagem de uma das peças de Molière (1622-1673); a última consta do próprio título de uma farsa do próprio Molière, isto é, *Sganarello ou o Cornudo imaginário*, escrita em 1660 (NT).
(65) Ver nota 33 acima.
(66) Ver nota 46.
(67) Jean-Baptiste Brizard (1721-1791), ator francês, entrou na *Comédie Française* em 1757 e interpretou vários papéis de destaque, destacando-se nas peças de Voltaire (NT).

Caillot[68], que é igualmente bem-vindo entre os grandes e entre os pequenos, a quem tu confiarias sem medo teu segredo e tua bolsa e com o qual julgarias a honra de tua mulher e a inocência de tua filha com muito mais segurança do que com esse grande senhor da corte ou com aquele respeitável ministro de nossos altares...

O Primeiro

O elogio não é exagerado: o que me incomoda é não ouvir citar um número maior de comediantes que o tenham merecido ou que o mereçam. O que me irrita é que, entre esses proprietários por condição de uma qualidade, fonte preciosa e fecunda de tantas outras, um comediante, homem educado, e uma atriz, mulher honesta, sejam fenômenos tão raros.

Disso concluímos que é falso que disponham de seu privilégio especial e que a sensibilidade, que os dominaria no mundo assim como no palco, se dela fossem dotados, não é nem a base de seu caráter nem a razão de seus sucessos; que ela não lhes pertence nem mais nem menos que esta ou aquela condição da sociedade e que se nos é dado ver tão poucos grandes comediantes é porque os pais não destinam os filhos ao teatro; é porque ninguém se prepara para ele com uma educação iniciada na juventude; é que uma companhia de comediantes não é, como deveria ser, num povo onde se atribuísse à função de falar aos homens reunidos para serem instruídos, divertidos, corrigidos, a importância, as honras, as recompensas que ela merece, uma corporação formada, como todas as outras comunidades, de indivíduos tirados de todas as famílias da sociedade e conduzidos à cena como ao serviço público, ao palácio, à igreja, por escolha ou por gosto e com o consentimento de seus tutores naturais.

O Segundo

O aviltamento dos comediantes modernos é, parece-me, uma infeliz herança que lhes deixaram os comediantes antigos.

O Primeiro

Acredito.

....

(68) Joseph Caillot (1732-1816), ator francês que estreou na *Commedia Italiana* em 1760 e depois passou para a *Comédie Française* (NT).

O Segundo

Se o espetáculo surgisse hoje que temos idéias mais justas das coisas, talvez que... Mas tu não estás me ouvindo. Com que sonhas?

O Primeiro

Sigo minha primeira idéia e penso na influência do espetáculo sobre o bom gosto e sobre os costumes, se os comediantes fossem pessoas de bem e se sua profissão fosse honrada. Onde está o poeta que ousasse propor a homens bem-nascidos repetir publicamente discursos enfadonhos ou grosseiros; a mulheres mais ou menos discretas como as nossas, recitar afrontosamente, diante de uma multidão de ouvintes palavras que corariam ao ouvi-las no recesso de seus lares? Depressa nossos autores dramáticos atingiriam uma pureza, uma delicadeza, uma elegância, da qual se encontram ainda mais longe do que suspeitam. Ora, duvidas que o espírito nacional não se ressentisse disso?

O Segundo

Talvez alguém poderia te objetar que as peças, tanto antigas quanto modernas, que teus honestos comediantes excluíssem de seu repertório, são precisamente aquelas que representamos em sociedade.

O Primeiro

E o que importa que nossos cidadãos se rebaixem à condição dos mais vis histriões? Seria menos útil, seria menos de desejar que nossos comediantes se elevassem à condição dos mais honestos cidadãos?

O Segundo

A metamorfose não é fácil.

O Primeiro

Quando apresentei *O Pai de Família*[69], o magistrado da polícia me exortou a seguir esse gênero.

---

(69) *Le Père de Famille* é uma peça de Diderot, escrita em 1758; o delegado de polícia era amigo do autor e se chamava Gabriel de Sartine (1729-1801) que, em 1774, foi nomeado ministro da Marinha (NT).

O Segundo

Por que não o fizeste?

O Primeiro

É que, não tendo obtido o sucesso que eu esperava e não tendo a pretensão de poder realizar algo muito melhor, acabei por me desgostar de uma carreira para a qual não me julguei com bastante talento.

O Segundo

E por que essa peça que hoje enche a sala de espectadores antes das quatro e meia e que os comediantes colocam em cartaz sempre que necessitam de mil escudos [70], foi tão tibiamente acolhida no começo?

O Primeiro

Alguns alegavam que nossos costumes eram demasiado factícios para se acomodarem a um gênero tão simples, demasiado corrompidos para apreciarem um gênero tão discreto.

O Segundo

O que não era inverossímil.

O Primeiro

Mas a experiência demonstrou muito bem que isso não era verdade, pois não nos tornamos melhores. Aliás, o verdadeiro, o honesto têm tanta ascendência sobre nós que, se a obra de um poeta tiver essas duas características e o autor tiver talento, seu sucesso estará mais do que assegurado. É sobretudo quando tudo é falso que se ama o verdadeiro, é sobretudo quando tudo está corrompido que o espetáculo é mais depurado. O cidadão que se apresenta à entrada da *Comédie* deixa ali todos os seus vícios, para só retomá-los na saída. Lá dentro ele é justo, imparcial, bom pai, bom amigo, amigo da virtude; vi com freqüência a

---

[70] Alusão às nove reapresentações de *Le Père de Famille* em agosto-setembro de 1769; a receita da apresentação do dia 19 de agosto chegou perto dos mil escudos (NT).

meu lado homens maus profundamente indignados contra ações que não teriam deixado de cometer se se tivessem encontrado nas mesmas circunstâncias em que o poeta havia colocado o personagem que aborreciam. Se não tive sucesso de início, é que o gênero era estranho aos espectadores e aos atores; é que havia um preconceito estabelecido e que subsiste ainda contra o que se chama a comédia lacrimosa[71]; é que eu tinha uma nuvem de inimigos na corte, na cidade, entre os magistrados, entre a gente da igreja e entre os homens de letras.

O Segundo
E como incorreste em tantos ódios?

O Primeiro
Palavra de honra, não sei absolutamente nada, pois nunca fiz sátira nem contra os grandes nem contra os pequenos e não cruzei com ninguém no caminho da fortuna e das honras. É verdade que eu fazia parte do número daqueles que são chamados filósofos, que então eram vistos como cidadãos perigosos e contra os quais o ministério havia soltado dois ou três celerados subalternos[72], sem virtude, sem luzes e, o que é pior, sem talento. Mas deixemos isso.

O Segundo
Sem contar que esses filósofos tinham tornado a tarefa dos poetas e dos literatos em geral mais difícil. Não se tratava mais, para se ilustrar, de saber compor um madrigal ou uma copla obscena.

O Primeiro
É possível. Um jovem dissoluto, em vez de freqüentar com assiduidade o ateliê do pintor, do escultor, do artista que o adotou, perdeu os anos mais preciosos de sua vida e ficou aos vinte anos sem recursos e sem talento. Que

---

(71) *Comédie larmoyante*, em francês, tipo de peça em que o patético supera o cômico (NT).
(72) Trata-se, sem dúvida, de Fréron, Palissot e Moreau, inimigos declarados de Diderot, dos enciclopedistas e dos filósofos, e que atacaram violentamente a peça *Le Père de Famille*; o ministro era Choiseul; todos eles são mencionados com freqüência e Diderot fala de todas as suas intrigas no livro *O sobrinho de Rameau*, já publicado nesta coleção da Editora Escala (NT).

queres que ele se torne? Soldado ou comediante. Aí está ele, portanto, alistado num destacamento de campanha. Vagueia até que possa permitir-se uma estréia na capital. Uma infeliz criatura se atolou no lamaçal da libertinagem; cansada da mais abjeta condição, a de baixa cortesã, decora alguns papéis e se apresenta uma manhã na casa da Clairon, como o escravo antigo na casa do edil ou do pretor. Aquela a toma pela mão, lhe pede que faça uma pirueta, a toca com sua varinha e lhe diz: "Vai fazer rir ou chorar os babacas."

Eles são excomungados. Esse público que não pode dispensá-los, os despreza. São escravos sem cessar sob a vara de outro escravo. Acreditas que as marcas de um aviltamento tão contínuo possam permanecer sem efeito e que, sob o fardo da ignomínia, uma alma seja bastante firme para manter-se à altura de Corneille?

Esse despotismo que se exerce sobre eles, eles o exercem sobre os autores, e não sei qual é o mais vil, o comediante insolente ou o autor que o suporta.

O Segundo
O que se quer é ser representado.

O Primeiro
A qualquer condição que seja. Eles estão todos cansados de seu ofício. Dá teu dinheiro à porta e eles se cansarão de tua presença e de teus aplausos. Obtendo rendas suficientes dos pequenos camarotes, estiveram a ponto de decidir que o autor renunciasse a seu honorário ou que sua peça não fosse aceita.

O Segundo
Mas esse projeto não daria em nada menos do que extinguir o gênero dramático.

O Primeiro
Que diferença isso lhes faz?

O Segundo
Penso que te resta pouca coisa a dizer.

O Primeiro

Tu te enganas. É preciso que eu te tome pela mão e te introduza na casa da Clairon, essa incomparável feiticeira.

O Segundo

Essa pelo menos se sentia orgulhosa de sua condição.

O Primeiro

Como se sentirão todas aquelas que se sobressaíram. O teatro só é menosprezado por aqueles atores que as vaias os expulsaram dele. Convém que te mostre a Clairon nos transportes reais de sua cólera. Se acaso ela conservasse sua postura, suas entonações, sua ação teatral com toda a sua afetação, com toda a sua ênfase, não levarias tuas mãos aos quadris e poderias acaso conter tuas gargalhadas? O que me ensinas então? Não declaras nitidamente que a sensibilidade verdadeira e a sensibilidade representada são duas coisas muito diferentes? Ris daquilo que haverias de admirar no teatro? E por que isso, por favor? Porque a cólera real da Clairon se parece à cólera simulada e porque tens o discernimento justo da máscara dessa paixão e de sua pessoa. As imagens das paixões no teatro não são, portanto, as verdadeiras imagens, sendo pois apenas retratos exagerados, apenas grandes caricaturas sujeitas a regras de convenção. Ora, interroga-te, pergunta a ti mesmo qual artista se encerrará mais estritamente nessas regras dadas? Qual é o comediante que vai captar melhor essa enfatuação prescrita, do homem dominado por seu próprio caráter ou do homem nascido sem caráter ou do homem que dele se despoja para revestir-se de outro maior, mais nobre, mais violento, mais elevado? Somos nós mesmos por natureza; somos um outro por imitação; o coração que supomos ter não é o coração que temos. O que é, pois, o verdadeiro talento? O de conhecer bem os sintomas exteriores da alma emprestada, de se dirigir à sensação daqueles que nos ouvem, que nos vêem e de enganá-los pela imitação desses sintomas, por meio de uma imitação que engrandece tudo em suas cabeças e que se torna a regra do julgamento deles; de fato, é impossível apreciar de outro modo o que se passa dentro de nós. E que nos importa, com efeito, o que eles sentem ou não sentem, contanto que o ignoremos?

Aquele, pois, que melhor conhece e que transmite mais perfeitamente esses sinais externos, de acordo com o modelo ideal melhor concebido, é o maior comediante.

O Segundo

Aquele que deixa menos a imaginar ao grande comediante é o maior dos poetas.

O Primeiro

Eu ia dizê-lo. Quando, por um longo hábito do teatro, conservamos na sociedade a ênfase teatral e nela passeamos Bruto, Cina, Mitridates, Cornélia, Mérope, Pompeu, sabes o que se faz? Junta-se a uma alma pequena ou grande, da medida precisa que a natureza lhe concedeu, os sinais externos de uma alma exagerada e gigantesca que não se tem; e daí nasce o ridículo.

O Segundo

Que cruel sátira que fazes aí, inocente ou malignamente, dos atores e dos autores!

O Primeiro

Como assim?

O Segundo

É permitido, creio, a todo mundo possuir uma alma forte e grande; é permitido, acredito, possuir o porte, a palavra e a ação de sua alma e creio que a imagem da verdadeira grandeza nunca pode ser ridícula.

O Primeiro

O que se segue daí?

O Segundo

Ah! traiçoeiro! Não ousas dizê-lo e será preciso que eu incorra na indignação geral por ti. É que a verdadeira tragédia ainda está para ser encontrada, é que com seus defeitos os antigos estavam talvez mais próximos dela do que nós.

O Primeiro

É verdade que me fico encantado ao ouvir Filocteto dizer tão simples e tão fortemente a Neoptolomeu, que lhe entrega as flechas de Hércules que lhe havia roubado por instigação de Ulisses: "Estás vendo a ação que cometeste: sem perceberes, condenavas um infeliz a perecer de dor e de fome. Teu roubo é o crime de outro, o arrependimento é teu. Não, jamais terias pensado em cometer semelhante indignidade se estivesses só. Compreende, pois, meu filho, quanto importa em tua idade não freqüentar senão pessoas honestas. Isso era o que tinhas a ganhar na companhia de um celerado. E por que te associar também a um homem desse caráter? Era ele que teu pai teria escolhido para companheiro e amigo? Esse digno pai, que nunca admitiu junto de si senão os mais distintos personagens do exército, o que te diria ele, se te visse com um Ulisses?..."[73] Há nesse discurso algo além daquilo que dirias a meu filho, daquilo que eu diria ao teu?

O Segundo
Não.

O Primeiro
Entretanto é belo.

O Segundo
Certamente.

O Primeiro
E o tom desse discurso pronunciado em cena diferiria do tom com que seria proferido na sociedade?

O Segundo
Não creio.

---

(73) Trecho da tragédia *Filotecto* de Sófocles (496-406 a.C.), poeta trágico grego (NT).

O Primeiro

E esse tom na sociedade seria ridículo?

O Segundo

De modo algum.

O Primeiro

Quanto mais as ações são fortes e as palavras simples, mais as admiro. Temo realmente que tenhamos tomado por cem anos seguidos a fanfarronice de Madri pelo heroísmo de Roma e confundido o tom da musa trágica com a linguagem da musa épica.

O Segundo

Nosso verso alexandrino é harmonioso demais e demasiado nobre para o diálogo.

O Primeiro

E nosso verso decassílabo é demasiado fútil e demasiado leve. Seja como for, eu desejaria que não fosses à representação de qualquer uma das peças romanas de Corneille, senão ao terminar a leitura das cartas de Cícero a Ático[74]. Como acho pomposos nossos autores dramáticos! Como são enfadonhas suas declamações, quando me lembro da simplicidade e do vigor do discurso de Régulo[75], dissuadindo o Senado e o povo romano da troca dos cativos! É assim que ele se exprime numa ode, poema que comporta muito mais calor, estro e exagero que um monólogo trágico; assim diz ele[76]:

"Vi nossas insígnias suspensas nos templos de Cartago. Vi o soldado romano despojado de suas armas, que não haviam sido tingidas de uma gota de sangue. Vi o esquecimento da liberdade, e cidadãos com os braços virados para trás e

....

(74) *Epistolae ad Atticum* de Marcus Tullius Cicero (106-43 a.C.); Ático era um cavaleiro romano, amigo de Cícero (NT).
(75) General romano da primeira guerra púnica; feito prisioneiro, foi enviado a Roma pelos cartagineses para propor a troca de prisioneiros; Régulo havia dado a palavra que retornaria com a solução; em Roma, dissuadiu o Senado de aceitar a troca e retornou a Cartago como prisioneiro (NT).
(76) O parágrafo que se segue é a paráfrase de uma ode do poeta latino Quintus Horatius Flaccus (65-8 a.C.), extraída do livro *Odarum seu carminum libri* (livro III, ode V) (NT).

atados às costas. Vi as portas das cidades escancaradas e as colheitas cobrirem os campos que havíamos assolado. E os senhores acreditam que, resgatados a peso de dinheiro, eles voltarão mais corajosos? Os senhores acrescentam uma perda à ignomínia. A virtude, expulsa de uma alma que se aviltou, jamais a ela retorna. Nada esperem de quem podia morrer e que se deixou garrotear. Ó Cartago, como és grande e orgulhosa com nossa vergonha!..."

Esse foi seu discurso e essa foi sua conduta. Ele recusou os abraços da mulher e dos filhos, julgou-se indigno deles como um vil escravo. Manteve o olhar feroz pregado ao chão e desdenhou os prantos dos amigos, até que levou os Senadores a um parecer que só ele era capaz de dar e até que lhe foi permitido regressar a seu exílio.

O Segundo

Isso é simples e belo; mas o momento em que o herói se mostra é o seguinte.

O Primeiro

Tens razão.

O Segundo

Ele não ignorava o suplício que um inimigo feroz lhe preparava. Entretanto, retoma sua serenidade, desprende-se de seus parentes que procuravam adiar seu retorno, com a mesma liberdade com que se desprendia antes da multidão de seus clientes para ir descansar da fadiga dos negócios nos campos de Venafro ou em sua campanha de Táranto[77].

O Primeiro

Muito bem. Agora coloca a mão na consciência e dize-me se há em nossos poetas muitas passagens com tom próprio a uma virtude tão elevada, tão familiar, e o que te pareceria nessa boca, ou nossas ternas jeremíadas ou a maioria de nossas fanfarronadas à moda de Corneille.

---

(77) Venafro e Táranto, duas cidades do sul da Itália (NT).

Quantas coisas que ouso confiar somente a ti! Eu seria apedrejado nas ruas se soubessem que sou culpado dessa blasfêmia e não há nenhuma espécie de martírio de que eu ambicione o louro.

Se chegar o dia em que um homem de gênio ouse dar a seus personagens o tom simples do heroísmo antigo, a arte do comediante será desmesuradamente difícil, pois a declamação cessará de ser uma espécie de canto.

De resto, quando declarei que a sensibilidade é a característica da bondade da alma e da mediocridade do gênio, fiz uma confissão que não é muito usual, pois, se a natureza petrificou uma alma sensível, foi a minha.

O homem sensível se abandona demais à mercê de seu diafragma[78] para ser um grande rei, um grande político, um grande magistrado, um homem justo, um profundo observador e, conseqüentemente, um sublime imitador da natureza, a menos que possa se esquecer e se distrair de si mesmo e que, com a ajuda de uma imaginação forte, saiba criar e, com a ajuda de uma memória tenaz, saiba manter a atenção fixada em fantasmas que lhe servem de modelo; mas então não é mais que ele que age, é o espírito de um outro que o domina.

Deveria parar por aqui; mas vais me perdoar facilmente uma reflexão deslocada mais que omitida. É uma experiência pela qual aparentemente já passaste alguma vez, quando chamado por um estreante ou por uma estreante na casa dela, em reunião reservada, para que comentasses sobre seu talento, tu lhe terias concedido alma, sensibilidade, emoção, tu a terias cumulado de elogios e a terias deixado, ao partir, com a esperança do maior sucesso. Entretanto, o que acontece? Ela aparece, é vaiada e confessas a ti mesmo que as vaias têm razão de ser. De onde vem isso? Será que ela perdeu sua alma, sua sensibilidade, suas entranhas, da manha à noite? Não; mas, em seu rés-do-chão, tu estavas terra-a-terra com ela; tu a escutavas sem considerar as convenções, ela estava frente a frente contigo, não havia entre um e outro nenhum modelo de comparação; tu estavas satisfeito com sua voz, seu gesto, sua expressão, seu porte; tudo estava em proporção com o auditório e o espaço; nada requeria exagero. No palco tudo mudou: aí era necessário outra personagem, pois tudo se havia engrandecido.

---

(78) Em *O sonho de D'Alembert*, de Diderot, o médico Bordeu diz: "Mas o que é um ser sensível? Um ser abandonado à discrição do diafragma." A teoria do diafragma, na época, supunha a existência de uma sede fisiológica da sensibilidade nesse órgão do corpo humano (NT).

Num teatro particular, num salão onde o espectador se encontra quase ao nível do ator, o verdadeiro personagem dramático te haveria parecido enorme, gigantesco e, ao sair da representação, terias dito confidencialmente a teu amigo: "Ela não se sairá bem, ela é exagerada"; e seu sucesso no teatro te teria espantado. Mais uma vez, seja isso um bem ou um mal, o comediante não diz nada, nem faz nada na sociedade, precisamente como em cena; é um outro mundo.

Mas um fato decisivo que me foi contado por um homem verdadeiro, de um feitio de espírito original e refinado, o padre Galiani[79], e que me foi em seguida confirmado por outro homem verdadeiro, de um feito de espírito também original e refinado, o marquês de Caraccioli[80], embaixador de Nápoles em Paris, é que em Nápoles, pátria de ambos, há um poeta dramático cujo cuidado principal não é compor sua peça.

O Segundo

Tua peça *O Pai de Família* teve um sucesso singular por lá.

O Primeiro

Foram feitas quatro representações seguidas diante do rei, contra a etiqueta da corte que prescreve tantas peças diferentes quantos são os dias de espetáculo e o povo ficou entusiasmado. Mas a preocupação do poeta napolitano é encontrar na sociedade personagens de idade, de figura, de voz, de caráter, próprios para desempenhar seus papéis. Não se ousa recusar porque se trata do divertimento do soberano. Ele exercita seus atores durante seis meses, juntos e separadamente. E quando imaginas que a companhia começa a representar, a entender-se, a encaminhar-se para o ponto de perfeição que se exige? É quando os atores estão extenuados de cansaço com esses ensaios multiplicados, o que chamamos embotados. A partir desse instante os progressos são surpreendentes, cada um se identifica com seu personagem; e é depois desse penoso exercício

....

(79) Ferdinando Galiani (1728-1787), célebre economista italiano, fez amizade com Grimm, Diderot e com a senhora d'Épinay em sua longa estada em Paris. O padre Galiani escreveu à senhora d'Épinay, contando-lhe do grande sucesso que teve em Nápoles a peça *Le Père de famille* de Diderot (NT).

(80) Domenico de Caraccioli (1715-1789) foi sucessivamente embaixador do rei de Nápoles em Londres e em Paris e depois ministro do Exterior. Quando de sua estada em Paris, se aproximou dos enciclopedistas e procurou difundir suas idéias (NT).

que representações começam e se prolongam por seis outros meses seguidos, e que o soberano e seus súditos usufruem do maior prazer que se possa auferir da ilusão teatral. E essa ilusão, tão forte, tão perfeita na última representação como na primeira, a teu ver, pode ser efeito da sensibilidade?

De resto, a questão que aprofundei foi outrora iniciada entre um literato medíocre, Rémond de Saint-Albine, e um grande comediante, Riccoboni[81]. O literato advogava a causa da sensibilidade e o comediante advogava a minha. É um caso que eu ignorava e que acabo de ficar sabendo.

Eu disse, tu me ouviste, e eu te pergunto agora o que pensas disso.

O Segundo

Penso que esse homenzinho arrogante, decidido, seco e duro, em quem seria preciso reconhecer uma dose honesta de desprezo, se possuísse apenas um quarto do que a natureza pródiga lhe concedeu em suficiência, teria sido um pouco mais reservado em seu julgamento se tu, precisamente tu, tivesses tido a complacência de lhe expor tuas razões e ele, a paciência de te ouvir; mas a desgraça é que ele sabe tudo e que, a título de homem universal, se julga dispensado de ouvir.

O Primeiro

Em compensação, o público lhe paga bem. Conheces a senhora Riccoboni[82]?

O Segundo

Quem não conhece a autora de um grande número de obras encantadoras, cheias de talento, de honestidade, de delicadeza e de graça?

O Primeiro

Acreditas que essa mulher foi sensível?

....

(81) Luigi Riccoboni, conhecido como Lélio (1676-1753), ator e autor de peças teatrais, radicado em Paris; escreveu também a obra *História do teatro italiano depois da decadência da comédia latina* (NT).
(82) Marie-Jeanne Laboras de Mezières (1714-1792), casada com Francesco Antonio Riccoboni, filho de Lélio, que a abandonou; atriz, representou diversos papéis no teatro, mas foi como escritora – romancista – que se destacou e teve sucesso (NT).

O Segundo

Não somente por suas obras, mas também pela conduta que ela o provou. Há em sua vida um incidente que esteve a ponto de levá-la ao túmulo. Depois de vinte anos, seus prantos ainda não secaram e a fonte de suas lágrimas ainda não se exauriu.

O Primeiro

Pois bem, essa mulher, uma das mais sensíveis que a natureza jamais formou, foi uma das piores atrizes que jamais apareceu em cena. Ninguém fala melhor de arte, ninguém representa pior.

O Segundo

Acrescentaria que ela concorda com isso e que nunca lhe aconteceu de acusar as vaias de injustiça.

O Primeiro

E por que, com a sensibilidade refinada, a qualidade principal, segundo tu, do comediante, a senhora Riccoboni era tão má?

O Segundo

É que aparentemente as outras lhe faltavam a tal ponto que a primeira não podia compensar o defeito.

O Primeiro

Mas ela não é tão ruim assim de aparência; ela tem espírito; tem o porte decente; sua voz não tem nada de chocante. Todas as boas qualidades que se devem à educação, ela as possuía. Não apresentava nada de chocante em sociedade. Pode-se olhá-la sem desgosto, pode-se ouvi-la com o maior prazer.

O Segundo

Não entendo nada disso; tudo o que sei é que o público nunca chegou a se reconciliar com ela e que ela foi, durante vinte anos seguidos, vítima de sua profissão.

O Primeiro

E de sua sensibilidade, acima da qual nunca pôde se elevar; e foi porque permaneceu constantemente ela, que o público constantemente a desdenhou.

O Segundo

E tu não conheces Caillot?

O Primeiro

Muito.

O Segundo

Já conversaste alguma vez com ele sobre isso?

O Primeiro

Não.

O Segundo

Em teu lugar, eu ficaria curioso em saber a opinião dele.

O Primeiro

Eu já a conheço.

O Segundo

Qual é?

O Primeiro

A tua e aquela de teu vosso amigo.

O Segundo

Aí está uma terrível autoridade contra ti.

O Primeiro
Concordo com isso.

O Segundo
E como chegaste a tomar conhecimento da opinião de Caillot[83]?

O Primeiro
Por meio de uma mulher cheia de espírito e de fineza, a princesa Galitzin[84]. Caillot havia interpretado o *Desertor*[85], ele permanecia ainda no lugar onde acabava de experimentar e ela de condividir, ao lado dele, todos os transes de um infeliz prestes a perder sua amante e a vida. Caillot se aproxima do camarote dela e lhe dirige, com esse rosto risonho que conheces, palavras joviais, honestas e polidas. A princesa, espantada, lhe diz: "Como! não estás morto! Eu, que fui mera espectadora de tuas angústias, ainda não voltei a mim. – Não, senhora, não estou morto. Seria preciso me lastimar demais, se eu morresse tão seguidamente. – Nada sentes, portanto? – Perdoa-me..." E depois ei-los empenhados numa discussão que termina entre eles como acabará entre nós: eu vou ficar com minha opinião e tu com a tua. A princesa não se lembrava dos argumentos de Caillot, mas tinha observado que esse grande imitador da natureza, no momento de sua agonia, quando ia ser arrastado ao suplício, percebendo que a cadeira onde deveria depositar Louise desfalecida estava mal colocada, a arrumava, cantando com voz moribunda: "Mas Louise não vem e minha hora se aproxima..." Mas estás distraído; em que pensas?

O Segundo
Penso em te propor uma acomodação: reservar à sensibilidade natural do ator esses momentos raros em que perde a cabeça, em que não vê mais o espectador, em que esqueceu que está num teatro, em que se esqueceu a si mesmo, em que está em Argos, em Micenas[86], em que é o próprio personagem que interpreta; ele chora.

....
(83) Joseph Caillot (1732-1816), ator francês que estreou na *Commedia Italiana* em 1760 e depois passou para a *Comédie Française* (NT).
(84) Esposa do príncipe russo Dimitri Galitzin, embaixador em Paris e depois em Haia (NT).
(85) *Le Déserteur*, drama em três atos, musicado, elaborado por italianos em 1769 e reformulado por Michel Jean de Sedaine (1719-1797), dramaturgo francês (NT).
(86) Argos e Micenas: duas cidades gregas, célebres como centros artísticos na Grécia antiga (NT).

O Primeiro

Na medida?

O Segundo

Na medida. Ele grita.

O Primeiro

Justa?

O Segundo

Justa. Ele se irrita, se indigna, se desespera, apresenta a meus olhos a imagem real, leva a meu ouvido e a meu coração o toque verdadeiro da paixão que o agita, a ponto de me arrastar, de me ignorar a mim mesmo, de não ser mais nem Brizard nem Le Kain, mas Agamenom que vejo, mas Nero que ouço... etc., a abandonar à arte todos os outros instantes... Penso que talvez então ocorra com a natureza como ocorre com o escravo que aprende a mover-se livremente sob as correntes: o hábito de carregá-las lhe tira o peso e a coação.

O Primeiro

Um ator sensível poderá ter talvez em seu desempenho um ou dois momentos de alienação que poderão destoar com o resto tanto mais fortemente quanto mais belos forem. Mas dize-me, o espetáculo não cessa então de ser um prazer e não se torna um suplicio para ti?

O Segundo

Oh! Não.

O Primeiro

E esse patético de ficção não prevalece sobre o espetáculo doméstico e real de uma família desolada em torno do leito fúnebre de um pai querido ou de uma mãe adorada?

O Segundo

Oh! Não.

O Primeiro

Não tens, portanto, tão perfeitamente esquecidos nem o comediante nem tu mesmo...

O Segundo

Tu já me confundiste muito e não duvido que possas me confundir mais ainda; mas eu te abalaria, creio, se me permitisses me associar a outro. São quatro horas e meia; estão apresentando *Dido*; vamos ver a Raucourt[87]; ela vai te responder melhor do que eu.

O Primeiro

Eu o desejo, mas não o espero. Pensas que ela faça o que nem a Le Couvreur[88], nem a Duclos[89], nem a de Seine[90], nem a Balincourt[91], nem a Clairon[92], nem a Dumesnil[93] conseguiram fazer? Ouso te assegurar que, se nossa jovem estreante ainda está longe da perfeição, é porque é muito novata para não sentir nada e te predigo que, se continuar sentindo, permanecendo ela própria e preferindo o instinto limitado da natureza ao estudo ilimitado da arte, nunca se haverá de elevar à altura das atrizes que te mencionei. Poderá ter belos momentos, mas não será bela. Vai acontecer com ela o que aconteceu

....

(87) Marie-Antoinette Saucerotte, dita senhorita Raucourt (1756-1815), estreou na *Comédie Française* em 1772 no papel de Dido (em *Enée et Didon*, tragédia de Lefranc de Pompignan); opositora da Revolução Francesa, escapou por pouco da guilhotina; Napoleão Bonaparte a encarregou depois de organizar as turnês de companhias francesas de teatro pela Itália; assumidamente lésbica, a Igreja tentou recusar-lhe as exéquias religiosas, o que não ocorreu por interferência direta do rei Luís XVIII (NT).
(88) Adrienne Lecouvreur (1692-1730), grande atriz, bela e meiga, desempenhou diversos papéis em diferentes tragédias; morreu jovem, aos 38 anos, em circunstâncias misteriosas e foi sepultada durante a noite, privada das exéquias religiosas, fato que suscitou revolta e indignação, especialmente por parte de Voltaire (NT).
(89) Marie-Anne de Châteauneuf, dita senhorita Duclos (1688-1748), atriz consagrada, conhecida por seu uso imoderado do patético e pela ênfase declamatória, por seu temperamento explosivo e por sua conduta desregrada, se retirou de cena em 1733 (NT).
(90) Catherine Dupré, dita senhorita de Seine (1706-1759), entrou na *Comédie* em 1724 a pedido do rei Luís XV; esposa de Quinault-Dufresne, interrompeu sua carreira em 1735 e passou a residir na Holanda (NT).
(91) Marguerite de Balincourt, estreou em 1727 na *Comédie Française*, teve carreira curta e caiu no ostracismo (NT).
(92) Claire Josèphe Hippolyte Léris de Latude, dita *Mademoiselle Clairon* (1723-1803), renomada atriz que, a conselho de Diderot e outros, revolucionou a arte de recitar os versos dramáticos; no final da vida se dedicou a escrever suas *Memórias*, discorrendo principalmente sobre a arte dramática (NT).
(93) Marie-Françoise Marchand, dita *Mademoiselle Dumesnil* (1713-1803), atriz francesa, rival de Mademoiselle Clairon, celebrizou-se nos papéis de rainhas e de princesas; tinha um acurado senso do efeito e sabia suscitar o terror e a compaixão trágicos. Retirando-se de cena, redigiu suas *Memórias*, em resposta àquelas da Clairon (NT).

com a Gaussin[94] e com muitas outras que não foram a vida toda afetadas, fracas e monótonas senão porque nunca conseguiram sair do recinto estreito onde sua sensibilidade natural as encerrava. Teu propósito é o de sempre me opor a Raucourt?

O Segundo

Seguramente.

O Primeiro

Pelo caminho, vou te contar um fato que se enquadra bastante bem no tema de nosso colóquio. Eu conhecia Pigalle[95]; costumava visitá-lo na casa dele. Certa manhã vou lá, bato à porta: o artista abre, com seu cinzel na mão; e, detendo-me à soleira do ateliê, me diz: "Antes de te deixar passar, jura que não vais ter medo de uma bela mulher inteiramente nua..." Sorri... entrei. Ele trabalhava então em seu monumento do marechal de Saxe e uma belíssima cortesã lhe servia de modelo para a figura da França. Mas como achas que ela me apareceu entre as figuras colossais que a cercavam? Pobre, pequena, mesquinha, uma espécie de rã; estava esmagada por elas; e eu teria tomado, pela palavra do artista, essa rã por uma bela mulher, se não tivesse esperado o fim da sessão e se não a tivesse visto terra-a-terra e com o dorso virado para aquelas figuras gigantescas que a reduziam a nada. Deixo-te o cuidado de aplicar esse singular fenômeno à Gaussin, à Riccoboni e a todas aquelas que não puderam se engrandecer no palco.

Se, por impossível que seja, uma atriz tivesse recebido a sensibilidade em grau comparável àquela que a arte levada ao extremo pode simular, o teatro propõe tantos caracteres diversos a imitar e um só papel principal leva tantas situações opostas, que essa rara chorosa, incapaz de representar bem dois papéis diferentes, primaria apenas em algumas passagens do mesmo papel; seria a comediante mais desigual, mais limitada e mais inepta que se possa

....

(94) Jeanne-Catherine Gaussem, dita senhorita Gaussin (1711-1767), atriz francesa de grande sucesso (NT).
(95) Jean-Baptiste Pigalle (1714-1785), escultor francês de farta produção; entre suas principais obras cumpre ressaltar o túmulo do marechal Saxe em Estrasburgo, uma estátua de Voltaire, um Mercúrio, um Narciso, bustos de Diderot, Crébillon e outros (NT).

imaginar. Se lhe ocorresse de tentar um vôo, sua sensibilidade predominante não tardaria a reconduzi-la à mediocridade. Ela se assemelharia menos a um vigoroso corcel que galopa do que a uma fraca égua que toma o freio nos dentes. Seu instante de energia, passageiro, brusco, sem gradação, sem preparação, sem unidade, te pareceria um acesso de loucura.

Sendo a sensibilidade, com efeito, companheira da dor e da fraqueza, dize-me se uma criatura doce, frágil e sensível é realmente própria para conceber e trasmitir o sangue-frio de Leontina, os transportes ciumentos de Hermíone, os furores de Camila, a ternura maternal de Mérope, o delírio e os remorsos de Fedra, o orgulho tirânico de Agripina, a violência de Clitemnestra[96]? Deixa tua eterna chorosa para alguns de nossos papéis elegíacos e não a tires mais dali.

É que ser sensível é uma coisa e sentir é outra. A primeira é uma questão de alma e a outra, uma questão de julgamento. É que se sente com intensidade o que não se poderia expressar; é que se expressa só, em sociedade, no pé da lareira, lendo, representando para alguns ouvintes e que não se expressa nada que valha no teatro; é que no teatro, com o que se chama sensibilidade, alma, entranhas, se expressa bem uma ou duas tiradas e se falha no resto; é que abranger toda a extensão de um grande papel, dispor neles os claros e os escuros, os suaves e os fracos, mostrar-se igual nas passagens tranqüilas e nas passagens agitadas, ser variado nos detalhes, harmonioso e uno no conjunto, e constituir um sistema firme de declamação, que vá a ponto de salvar os repentes do poeta, é obra de uma cabeça fria, de um profundo discernimento, de um gosto refinado, de um estudo penoso, de uma longa experiência e de uma tenacidade de memória pouco comum; é que a regra *qualis ab incepto processerit et sibi constet*[97], muito rigorosa para o poeta, subsiste até a minúcia para o comediante; é que aquele que sai dos bastidores sem ter seu desempenho presente e seu papel anotado provará a vida toda o papel de um estreante ou que se, dotado de intrepidez, de suficiência e de estro, contar com a presteza de sua cabeça e o hábito do ofício, esse homem te iludirá por seu calor e por sua embriaguez, e que aplaudirás sua representação como um conhecedor de

---

[96] Esta e as anteriores, constantes neste parágrafo, são personagens de diversas peças de diferentes dramaturgos franceses (NT).
[97] Frase latina extraída da *Arte poética* de Horácio e que significa "que fique igual a si mesmo tal como se mostrou no início" (NT).

pintura sorri diante de um esboço libertino onde tudo está indicado e nada está decidido. É um desses prodígios que se vê às vezes nas feiras ou no palco de Nicolet[98]. Talvez esses loucos façam muito bem permanecendo o que são, comediantes em esboço. Mais trabalho não lhes daria o que lhes falta e poderia tirar-lhes o que têm. Toma-os pelo que valem, mais não os coloques ao lado de um quadro acabado.

O Segundo
Não me resta senão uma pergunta a fazer.

O Primeiro
Pergunta então.

O Segundo
Viste alguma vez uma peça inteira perfeitamente representada?

O Primeiro
Palavra de honra, não me lembro... Espera... Sim, às vezes uma peça medíocre, por atores medíocres...

Nossos dois interlocutores foram ao espetáculo, mas não encontrando lugar se dirigiram para o quarteirão de Tuileries. Passearam algum tempo em silêncio. Pareciam ter esquecido que estavam juntos, e cada um se entretinha consigo mesmo, como se estivesse só, um em voz alta, o outro em voz tão baixa que não se ouvia, deixando apenas escapar por intervalos palavras isoladas, mas distintas, pelas quais era fácil conjeturar que não se considerava vencido.

As idéias do homem do paradoxo são as únicas de que posso dar conta e aqui vão elas tão descosidas como devem parecer quando se suprime de um solilóquio os intermediários que servem de ligação. Dizia:

Que se ponha em seu lugar um ator sensível e veremos como se sairá. O que ele faz? Pousa o pé sobre a balaustrada, aperta a jarreteira e responde ao

....

[98] Jean-Baptiste Nicolet (1728-1796), acrobata e diretor de teatros populares; em 1759 mandou construir um teatro que se tornou muito concorrido por suas apresentações de acrobacias e de peças de teatro de fantoches (NT).

cortesão que despreza, com a cabeça voltada para um dos ombros; e é assim que um incidente que teria desconcertado qualquer outro que não fosse esse frio e sublime comediante, subitamente adaptado à circunstância, torna-se um traço de gênio.

(Falava, acho, de Baron na tragédia do *Conde de Essex*[99]. Acrescentava sorrindo:)

Pois é, ele acreditará que aquela mulher sente, quando estirada no colo de sua confidente e quase moribunda, com os olhos voltados para os terceiros camarotes, percebe ali um velho procurador que se desfazia em lágrimas e cuja dor se refletia em trejeitos de forma realmente burlesca e diz: "Olha um pouco lá em cima aquela bela figura...", murmurando na garganta essas palavras, como se fossem a continuação de um lamento inarticulado ... Há outras! há outras ! Se bem me como recordo desse fato, ele se passou com a Gaussin, em *Zaíra*.

E esse terceiro, cujo fim foi tão trágico, eu o conheci, conheci o pai dele, que me convidava também algumas vezes a dizer uma palavra em sua corneta[100].

(Não há duvida de que se trata aqui do *sage* Montménil[101].)

Era a própria candura e honestidade. O que havia de comum entre seu caráter natural e o do Tartufo, que ele interpretava superiormente? Nada. Onde havia arrumado esse torcicolo, esse rolar de olhos tão singular, esse tom adocicado e todas as outras finuras do papel do hipócrita? Cuidado com o que vais responder. Eu te peguei. – Numa imitação profunda da natureza. – Numa imitação profunda da natureza? E vais ver que os sintomas exteriores que designam mais fortemente a sensibilidade da alma não se encontram tanto na natureza como os sintomas exteriores da hipocrisia; que aí não se poderia estudá-los e que um ator de grande talento terá mais dificuldades em captar e em imitar uns do que outros!

E se eu sustentava que de todas as qualidades da alma a sensibilidade é a mais fácil de arremedar, não havendo talvez um só homem bastante cruel,

....

(99) Peça de Thomas Corneille (1625-1709), dramaturgo francês, irmão do célebre Pierre Corneille (NT).
(100) Trata-se de Alain René Lesage (1668-1747), escritor francês que em sua velhice ficou surdo (T).
(101) Termo francês que significa sábio e com o qual Diderot faz um jogo de palavras com o sobrenome *Lesage* que, obviamente, se desdobra em *le sage*, o sábio, aplicando-o a Lesage de Montménil (1703-1743), filho de Alain René Lesage (NT).

bastante desumano para que o germe disso não subsistisse em seu coração, para não tê-la jamais experimentado; o que não se poderia assegurar de todas as outras paixões, tais como a avareza, a desconfiança? É apenas um excelente instrumento?... – Eu te entendo; haverá sempre, entre aquele que arremeda a sensibilidade e aquele que sente, a diferença entre a imitação e a coisa. – E tanto melhor, tanto melhor, te digo. No primeiro caso, o comediante não precisará separar-se de si mesmo, se transportará de repente e de um salto à altura do modelo ideal. – De repente e de um salto! – Tu me contestas por causa de uma expressão. Quero dizer que, não sendo nunca reduzido ao pequeno modelo que nele existe, ele será tão grande, tão espantoso, tão perfeito imitador da sensibilidade quanto da avareza, da hipocrisia, da duplicidade e de qualquer outro caráter que não seja o seu, de qualquer outra paixão que não tiver. A coisa que o personagem naturalmente sensível me mostrar será pequena; a imitação do outro será forte; ou, se ocorresse que suas cópias fossem igualmente fortes, o que não te concedo, mas de forma nenhuma, um, perfeitamente senhor de si próprio e representando inteiramente por estudo e discernimento, seria tal como a experiência diária o mostra, muito mais do que aquele que representasse metade por natureza e metade por estudo, metade segundo um modelo e metade segundo ele próprio.

Com qualquer habilidade que essas duas imitações fossem fundidas numa só, um espectador delicado as discerniria mais facilmente ainda que um profundo artista pudesse vislumbrar numa estátua a linha que separa dois estilos diferentes ou a frente executada segundo um modelo e o dorso segundo outro. – Que um ator consumado cesse de representar de cabeça, que se esqueça; que seu coração se embarace; que a sensibilidade o ganhe, que se entregue a ela. Ele nos inebriará. – Talvez. – Ele nos arrebatará de admiração. – Isso não é impossível; mas, contanto que não saia de seu sistema de declamação e que a unidade não desapareça, sem o que vais confessar que ele ficou louco... Sim, nessa suposição terás um bom momento, concordo; mas preferes um bom momento a um bom papel? Se essa é tua escolha, não é a minha.

Aqui o homem do paradoxo se calou. Passeava a grandes passos sem olhar para onde ia; teria dado encontrões à direita e à esquerda com os que vinham a seu encontro, se eles não evitassem o choque. Depois, parando de repente e agarrando seu antagonista fortemente pelo braço, disse-lhe em tom dogmático e tranqüilo: Meu amigo, há três modelos, o homem da natureza, o homem do poeta, o homem do ator. Aquele da natureza é menor que aquele do poeta e este menor ainda que aquele do grande comediante, o mais exagerado de todos. Este último monta nos ombros do precedente e se encerra num grande manequim de vime, do qual ele é a alma; move esse manequim de uma forma assustadora, até mesmo para o poeta, que não se reconhece mais, e nos assusta, como bem o disseste, como as crianças se assustam umas às outras, segurando suas pequenas vestes curtas levantadas sobre a cabeça, agitando-se e imitando o melhor que podem a voz rouca e lúgubre de um fantasma, que arremedam. Mas, por acaso, não terias visto jogos de crianças que foram gravados? Não terias visto um garoto que avança sob uma máscara hedionda de velho que o esconde da cabeça aos pés? Sob essa máscara, ele ri de seus pequenos colegas que o terror põe em fuga. Esse garoto é o verdadeiro símbolo do ator; seus colegas são os símbolos do espectador. Se o comediante não é dotado senão de uma sensibilidade medíocre e se nisso reside todo o seu mérito, não o considerarias um homem medíocre? Toma cuidado, é ainda uma armadilha que te coloco. – E se for dotado de uma extrema sensibilidade, o que vai lhe acontecer? – O que vai lhe acontecer? Que não vai representar nunca mais ou que vai representar de modo ridículo. Sim, de forma ridícula, e a prova, vais poder vê-la em mim quando bem te aprouver. Basta que eu tenha um relato um tanto patético a fazer, ergue-se não sei que comoção em meu peito, em minha cabeça; minha língua se embaralha; minha voz se altera; minhas idéias se decompõem; meu discurso se interrompe; eu balbucio, percebo-o; as lágrimas rolam de minhas faces e eu me calo. – Mas isso tu o consegues. – Em sociedade; no teatro, eu seria vaiado. – Por quê? – Porque não se vem para ver prantos, mas para ouvir discursos que os arranquem, porque essa verdade de natureza destoa com a verdade de convenção.

Explico-me: quero dizer que nem o sistema dramático, nem a ação, nem os discursos do poeta se conciliariam com minha declamação sufocada, interrompida, soluçada. Vês que não é sequer permitido imitar a natureza, mesmo a bela natureza, a verdade de muito perto, havendo limites dentro dos quais é preciso ficar. – E esses limites, quem os estabeleceu? – O bom senso, que não quer que um talento prejudique outro talento. É necessário às vezes que o ator se sacrifique ao poeta. – Mas se a composição de poeta se prestasse a isso? – Pois bem! Terias outra espécie de tragédia, inteiramente diferente da tua. – E qual o inconveniente disso? – Não sei bem o que irias ganhar com isso; mas sei muito bem o que irias perder.

Aqui o homem paradoxal se aproximou pela segunda ou terceira vez de seu antagonista e lhe diz:

O dito é de mau gosto, mas é engraçado; é de uma atriz sobre cujo talento não há duas opiniões. É o par da situação e das palavras da Gaussin; também ela está caída nos braços de Pillot-Pólux; ela agoniza, pelo menos assim o creio, e gagueja bem baixo: *Ah! Pillot, como fedes!*

Esse trecho é de Arnould[102], interpretando Telaíra. E nesse momento, Arnould é verdadeiramente Telaíra? Não, ela é Arnould, sempre Arnould. Nunca me levarás a elogiar os graus intermediários de uma qualidade que estragaria tudo se, impelida ao extremo, o comediante fosse por ela dominado. Mas suponho que o poeta teria escrito a cena para ser declamada no teatro como eu a recitaria em sociedade; quem haveria de representar essa cena? Ninguém, ninguém mesmo, nem sequer ator que fosse mais senhor de sua ação; se ele se saísse bem uma vez, falharia em mil outras. O sucesso depende então de tão pouca coisa!... Este último raciocínio te parece pouco sólido? Pois bem, que seja; mas nem por isso vou concluir que é preciso furar um pouco nossos balões, baixar de alguns encaixes nossas pernas-de-pau e deixar as coisas praticamente como estão. Para um poeta de gênio que atingisse essa prodigiosa verdade da natureza, elevar-se-ia uma nuvem de insípidos e banais imitadores. Não é permitido, sob pena de ser insípido, enfadonho e detestável, descer uma linha abaixo da simplicidade da natureza. Não achas que é isso mesmo?

O Segundo

Não acho nada. Não te ouvi.

---

(102) O episódio teria ocorrido na apresentação em 1764 da peça *Castor et Pollux* de Jean-Philippe Rameau (1683-1764); o ator Pillot fazia o papel de Pólux e Sophie Arnould (1746-1802) o de Telaíra (NT).

O Primeiro
O quê! Não continuamos a discutir?

O Segundo
Não.

O Primeiro
E que diabo fazias então?

O Segundo
Sonhava.
O primeiro
E que sonhavas?

O Segundo
Que um ator inglês chamado, creio, Macklin[103] (nesse dia eu assistia ao espetáculo), devendo escusar-se junto à platéia pela temeridade de interpretar depois de Garrick não sei que papel no *Macbeth* de Shakespeare dizia, entre outras coisas, que as impressões que subjugavam o comediante e o submetiam ao gênio e à inspiração do poeta eram para ele muito prejudiciais; não sei mais as razões que apresentava, mas eram muito sutis e foram apreciadas e aplaudidas. De resto, se és curioso, vais encontrá-las numa carta inserida no *Saint James Choricle*[104], sob o nome de Quintiliano.

O Primeiro
Mas então eu conversei esse tempo todo sozinho?

O Segundo
É possível; por tanto tempo quanto eu sonhei igualmente sozinho. Sabes que antigamente os atores faziam papéis de mulheres?

---

[103] Ator irlandês (1700-1797), rival de Garrick (NT).
[104] Esse fato foi efetivamente registrado no número de 6 de novembro de 1773 desse periódico (NT).

O Primeiro

Sei sim.

O Segundo

Aulus Gellius[105] conta, em suas *Noites Áticas,* que um certo Paulus, coberto dos trajes lúgubres de Electra, em vez de se apresentar em cena com a urna de Orestes, apareceu abraçando a urna que encerrava as cinzas de seu próprio filho que acabava de perder e que então não foi uma mera representação, uma pequena dor de espetáculo, mas a sala retiniu de gritos e de verdadeiros gemidos.

O Primeiro

E achas que Paulus nesse momento falou em cena como teria falado em sua casa? Não, não. Esse prodigioso efeito, do qual não duvido, não se deveu aos versos de Eurípedes[106], nem à declamação do ator, mas antes à vista de um pai desolado que banhava com seus prantos a urna do próprio filho. Esse Paulus não era talvez senão um comediante medíocre; não mais que aquele Esopo de quem Plutarco[107] narra que, "representando um dia em pleno teatro o papel de Atreu deliberando consigo mesmo como poderia vingar-se do irmão, Tiestes, aconteceu, por acaso, que um de seus servidores quis passar de repente correndo diante dele e ele, Esopo, estando fora de si devido à veemente comoção e ao ardor com que tinha de representar ao vivo a paixão furiosa do rei Atreu, desferiu-lhe tamanho golpe na cabeça com o cetro que segurava na mão, que o matou no mesmo instante..." Era um louco que o tribuno devia mandar imediatamente ao monte Tarpeu[108].

O Segundo

Como aparentemente fez.

....

(105) O autor reproduz neste parágrafo uma passagem de *Noctes Atticae* (VI, 5) do escritor latino Aulus Gellius (séc. II d.C.); houve aqui um lapso de Diderot, pois é em Electra de Sófocles que Polus (e não Paulus) interpretava (NT).
(106) Eurípides (480-406 a.C.), poeta trágico grego (NT).
(107) Plutarco (50-125), escritor grego; o fato relatado consta na *vida de Cícero,* inserida em *Vidas Paralelas,* principal obra de Plutarco; o personagem mencionado é Clodius Aesopus, ator e amigo de Cícero (NT).
(108) Em português se diz usualmente *Rocha Tarpéia,* rochedo escarpado do centro de Roma, nas proximidades do Capitólio, de onde os romanos jogavam os criminosos e outros condenados à morte (NT).

O Primeiro

Duvido. Os romanos faziam tanto caso da vida de um grande comediante e tão pouco da vida de um escravo!

Mas, segundo dizem, um orador vale mais quando se esquenta, quando é tomado de cólera. Eu o nego. É quando imita a cólera. Os comediantes impressionam o público, não quando estão furiosos, mas quando interpretam bem o furor. Nos tribunais, nas assembléias, em todos os lugares onde se quer tornar-se senhor dos espíritos, finge-se ora a cólera, ora o temor, ora a piedade, para levar os outros a esses sentimentos diversos. O que a própria paixão não conseguiu fazer, a paixão bem imitada o executa.

Não se diz no mundo que um homem é um grande comediante? Não se entende com isso que ele sente, mas, ao contrário, que prima em simular, embora nada sinta: papel bem mais difícil que aquele do ator, pois esse homem tem a mais que encontrar o discurso e duas funções a realizar, a do poeta e a do comediante. O poeta em cena pode ser mais hábil que o comediante no mundo, mas acredita-se que, em cena, o ator seja mais profundo, seja mais hábil em fingir a alegria, a tristeza, a sensibilidade, a admiração, o ódio, a ternura, que um velho cortesão?

Mas já está ficando tarde. Vamos jantar.

Apêndice
Cartas à Senhorita Jodin

NOTA INTRODUTÓRIA

São vinte cartas de Diderot endereçadas à sua protegida, senhorita Jodin. Várias delas são respostas do autor a missivas da atriz. Algumas são datadas pelo autor com precisão. Outras não têm data e as indicações do ano e eventualmente do mês em que foram escritas são extraídas da edição francesa dessa correspondência (Editions Gallimard, 1994).

As cartas não são transcritas na íntegra. Foram cortadas passagens que tratam da vida estritamente pessoal da atriz, de suas relações com a mãe e outros parentes; foram eliminadas também passagens de prestação de contas de Diderot, procurador dela, que aplicava a juros o dinheiro da atriz. Em suma, foram privilegiados os trechos que versam sobre teatro e alguns outros de conselhos dados por Diderot à senhorita Jodin, pessoa de conhecido temperamento explosivo e até mesmo violento.

I

21 de agosto de 1765

Li, senhorita, a carta que escreveste à senhora tua mãe[1]. Os sentimentos de ternura, de devotamento e de respeito de que ela é cumulada não me surpreenderam. És uma filha infeliz, mas és uma filha bem nascida. Porquanto recebeste da natureza uma alma honesta, conheces por inteiro o preço do dom que ela te fez e não suportas que a mínima coisa a avilte.

Não sou um pedante; evitarei de qualquer forma de te pedir uma espécie de virtudes quase incompatíveis com a condição que escolheste e que mulheres do mundo, que não estimo nem desprezo mais por isso, conservam raramente no meio da opulência e longe das seduções de todo tipo de que estão cercadas. O vício vem na frente de ti; elas vão na frente do vício. Mas pensas que uma mulher não adquire o direito de se desfazer das rédeas que a opinião põe a seu sexo senão por talentos superiores e pelas mais distintas qualidades de espírito e de coração. São necessárias mil virtudes reais para encobrir um vício imaginário. Quanto mais concederes a teus gostos, mais deverás estar atenta na escolha dos objetos.

Raramente se recrimina a uma mulher seu apego a um homem de reconhecido mérito. Se não ousares confessar aquele que terias preferido, é porque tu te menosprezas a ti mesma, e quando se tem menosprezo por si mesmo, é raro que se escape ao desprezo dos outros. Vês que, para um homem contado entre

....

(1) Madeleine Jodin estava em Varsóvia, Polônia, havia pouco tempo, com a companhia de teatro de Josse Rosselois. O contrato da Jodin previa dois anos de apresentações em Varsóvia, a partir de 1 de abril de 1766 (NT).

os filósofos, meus princípios não são austeros: é que seria ridículo propor a uma mulher de teatro a moral dos capuchinhos de Marais.

Trabalha especialmente em aperfeiçoar teu talento; a situação mais miserável é, a meu ver, aquela de uma atriz medíocre.

Não sei se os aplausos do público são muito lisonjeiros, sobretudo para aquela que seu nascimento e sua educação haviam destinado menos a recebê-los do que dá-los, mas sei que seu desdém não deve ser mais insuportável para ela. Eu te ouvi muito pouco, mas acreditei reconhecer em ti uma grande qualidade, que se pode simular talvez à força de arte e de estudo, mas que não se adquire; uma alma que se aliena, que se comove profundamente, que se transporta acima dos lugares, que é tal ou tal, que vê e que fala a esse ou àquele personagem. Fiquei satisfeito quando, ao sair de um movimento violento, tu parecias retornar de muito longe e reconhecer com dificuldade o local de onde não tinhas saído e os objetos que te cercavam.

Adquire graça e liberdade, torna toda a tua ação simples, natural e fácil.

Uma das mais fortes sátiras de nosso gênero dramático é a necessidade que o ator tem do espelho. Não tenhas afetação nem espelho, trata de conhecer a decência de teu papel e não vás além. O mínimo de gestos que puderes; o gesto freqüente prejudica a energia e destrói a nobreza. É o rosto, são os olhos, é todo o corpo que deve ter movimento e não os braços. Saber transmitir uma passagem apaixonante é quase não saber nada. O poeta está pela metade no efeito. Apega-te às cenas tranqüilas; são as mais difíceis; é ali que uma atriz mostra gosto, espírito, fineza, discernimento, delicadeza quando a tiver. Estuda as nuances das paixões; cada paixão tem as suas e são tão potentes que me penetram quase sem o auxílio da palavra. É a língua primitiva da natureza. O sentido de um belo verso não está ao alcance de todos; mas todos são afetados por um longo suspiro extraído dolorosamente do fundo das entranhas dos braços erguidos, dos olhos voltados para o céu, dos sons inarticulados, uma voz fraca e queixosa, isso é que toca, comove e perturba todas as almas. Gostaria realmente que tivesses visto Garrick desempenhar o papel de um pai que deixou cair o filho num poço. Não há máxima que nossos poetas mais tenham esquecido que aquela que diz que as grandes dores são mudas. Lembra-te disso por eles, a fim de aliviar por teu desempenho a impertinência de suas tiradas. Só depende de ti produzir mais efeito pelo silêncio do que pelos belos discursos.

Aí estão muitas coisas e nenhuma palavra sobre o verdadeiro assunto de minha carta. Trata-se, senhorita, de tua mãe. É, acredito, a mulher mais desafortunada que conheço. Teu pai a achava insensível a todo acontecimento; ele não a conhecia bem. Ela ficou desolada ao se separar de ti.

(...)

Tenho o direito por minha idade, por minha experiência, a amizade que me ligava ao senhor teu pai e o interesse que sempre tive por ti, de esperar que os conselhos que te darei sobre tua conduta e teu caráter não serão mal interpretados. Tu és violenta; a gente deve manter-se distante da violência; é o defeito mais contrário a teu sexo, que é complacente, terno e doce. Tu és vaidosa; se a vaidade não estiver fundamentada, faz rir. Se a gente merecer, com efeito, toda a preferência que a gente se concede a si mesmo, acaba-se por humilhar os outros, ofendê-los. Só permito sentir e mostrar o que se vale quando os outros o esquecem até falhar conosco. São somente aqueles que são de baixa estatura que se levantam sempre na ponta dos pés.

Receio que tu não respeitas bastante a verdade em tuas conversas. Senhorita, sê verdadeira, faz disso um hábito; só permito a mentira ao tolo e ao mau; a este, para se mascarar, ao outro para suprir o espírito que lhe falta. Não te permitas rodeios, sutilezas, astúcias. Não enganes ninguém; a mulher enganadora se engana a si por primeiro. Se tiveres um caráter mesquinho, sempre terás um desempenho mesquinho. O filósofo sem religião não pode ter destacados bons costumes. A atriz, que tiver contra seus costumes a opinião que se tiver de sua condição, não poderia se observar muito e se mostrar elevada. Tu és negligente e dissipadora; um momento de negligência pode custar caro, o tempo sempre traz o castigo ao dissipador.

Perdoa à minha amizade estas reflexões severas. Tu ouvirás em demasia somente a voz da bajulação. Desejo-te total sucesso.

Minhas saudações e termino sem rodeios e sem cumprimentos.

Diderot

II

Novembro de 1765

Não és tu, senhorita, que poderias te ofender com minha carta; mas seria talvez a senhora tua mãe. Observando um pouco mais de perto, terias adivinhado que eu não insistia de uma maneira tão premente sobre a necessidade que ela tinha de tua ajuda, senão para te deixar alguma dúvida sobre a verdade de seu incidente. Essa ajuda chegou em tempo e fico gratificado ao ver que tua alma conservou sua sensibilidade e sua honestidade, a despeito da situação crítica de teu estado, a respeito da qual me empenharia a fundo se aqueles que se envolvem nisso tivessem somente a metade do caráter de quanto exigem de talento.

Senhorita, uma vez que tiveste a felicidade de interessar um homem hábil e sensato[2], tão apropriado a te aconselhar sobre teu desempenho como sobre tua conduta, escuta-o, segue-o, poupa-o do desgosto de seu papel com toda a consideração e com toda a docilidade possíveis.

Alegro-me sinceramente com teus primeiros sucessos; mas pensa que não os deves em parte senão ao pouco gosto de teus espectadores. Não te deixes inebriar pelos aplausos de tão pouco valor. Não é a teus tristes poloneses, não é aos bárbaros que deves agradar. É aos atenienses.

Todos os pequenos arrependimentos de que foram seguidos teus enlevamentos deveriam realmente te ensinar a moderá-los. Não faças nada que possa te tornar desprezível. Com um porte honesto, decente, reservado, a conversa de uma moça de fina educação, afasta-se de si todas essas

---
(2) Trata-se do conde Werner von Schulenburg, então com 29 anos de idade (NT).

familiaridades insultantes, que a opinião infelizmente muito bem fundada que se tem de uma comediante não deixa nunca de relacionar a ela, sobretudo por parte dos desvairados e das pessoas mal-educadas que não são raras em qualquer lugar do mundo.

Constrói tua reputação de uma pessoa boa e honesta. Quero realmente que te aplaudam, mas gostaria muito mais que se pressentisse que foste destinada a outra coisa do que subir nos palcos e que, sem conhecer muito bem a seqüência dos acontecimentos deploráveis que te conduziram até lá, fosses lamentada por isso.

As grandes gargalhadas, a alegria imoderada, as conversas livres marcam a má educação, a corrupção dos costumes e quase nunca deixam de aviltar. Falhar consigo mesmo é autorizar os outros a nos imitar. Não podes ser muito escrupulosa sobre a escolha das pessoas que recebes com certa assiduidade. Julga o que se pensa em geral da mulher de teatro pelo reduzido número daqueles a quem é permitido freqüentá-la sem se expor a maledicências. Fica contente contigo somente quando as mães possam ver seus filhos te cumprimentar sem conseqüência. Não creias que tua conduta na sociedade seja indiferente a teu sucesso no teatro. Aplaude-se com pesar aquela que se odeia ou que se menospreza.

Economiza; nada faças sem ter o dinheiro nas mãos; desse modo te custará menos e nunca serás levada por dívidas agudas a cometer tolices.

Tu te fatigarás a vida inteira nos palcos, se não pensares a tempo que és feita para outra coisa. Eu não sou difícil; ficaria contente contigo se não fizeres nada que contrarie tua felicidade real. O capricho do momento tem seu real prazer; quem não o sabe? Mas tem conseqüências amargas que podem ser poupadas por pequenos sacrifícios, se a pessoa não for louca.

Bom dia, senhorita; comporta-te bem; sê sábia se puderes; se não puderes sê-lo, tem pelo menos a coragem de suportar o castigo da desordem.

Aperfeiçoa-te. Apega-te às cenas tranqüilas, somente essas são difíceis. Livra-te desses soluços habituais que se gostaria que assumisses para imitar entonações que provêm das entranhas e que não passam de uma técnica má, desagradável, fatigante, um tique tão insuportável em cena como o seria em sociedade. Não te inquietes por causa de meus sentimentos para com a senhora tua mãe; estamos todos dispostos a ajudá-la sempre.

Cumprimenta de minha parte o homem intrépido que quis realmente se encarregar da dura e penosa tarefa de te dirigir. Que Deus lhe conserve a paciência. Não quis deixar partir essas cartas que a senhora tua mãe me enviou, sem uma breve palavra que te mostrasse o interesse que tenho por tua sorte. No dia em que não me preocupar mais contigo, não haverei de tomar a liberdade de te falar duramente; e se te escrever ainda, vou terminar minhas cartas com toda a cortesia costumeira.

III

1766

Senhorita, recebemos todas as tuas cartas, mas é difícil para nós adivinhar se tu recebeste todas as nossas.

Fico satisfeito com a maneira pela qual te portas com a senhora tua mãe. Conserva essa forma de agir e de pensar. Terás tanto mais mérito a meus olhos que, obrigada pela situação a simular em cena toda espécie de sentimos, ocorre muitas vezes que não se conserva nenhum deles e que toda a conduta da vida não se torna senão jogo, de forma que a gente se ajusta como se pode às diferentes circunstâncias em que a gente se encontra.

Toma cuidado contra um jeito ridículo que se assume imperceptivelmente e que é difícil depois desfazer-se dele. Como conservar, ao sair de cena, não sei que tom enfático próprio do papel de princesa que se representou. Ao depor os trajes de Mérope, de Alzira, de Zaíra ou de Zenóbia[3], pendura no cabide tudo o que lhes pertence. Retoma a conversa natural da sociedade, o porte simples e honesto de uma mulher bem-nascida.

(...)

Preocupa-te especialmente em ter os movimentos suaves, fáceis, distintos e cheios de graça. Estuda a respeito as mulheres da alta sociedade, aquelas de primeira linha, quando tiveres a felicidade de te aproximar delas. É importante, quando alguém se mostra em cena, ter o primeiro momento

---

[3] Todas essas personagens das peças de Voltaire haviam sido representadas pela senhorita Clairon; a senhorita Jodin vai retomar esses papéis em Varsóvia (NT).

para si; e tu o terás sempre, se te apresentares com o porte e o rosto de tua condição.

Não te deixes distrair nos bastidores. É principalmente nesse local que é preciso afastar de si os galanteios e as conversas elogiosas e tudo o que tenderia a te distrair em relação a teu papel. Modera tua voz; domina tua sensibilidade; não te entregues a não ser gradativamente. É necessário que o sistema geral da declamação inteira de uma peça corresponda ao sistema geral do poeta que a compôs. Na falta dessa atenção, representa-se bem uma passagem de uma cena, representa-se bem até mesmo uma cena; representa-se mal todo o papel. Tem-se rompantes deslocados; enleva-se o espectador por intervalos. Em outros, a gente o deixa inerte e frio, sem que se possa às vezes acusar disso o autor.

Sabes muito bem o que entendo por soluço trágico. Lembra-te que o vício mais insuportável e mais usual. Examina os homens em seus acessos de furor mais violentos e não lhes observarás nada de semelhante. A despeito da ênfase poética, aproxima tua interpretação tanto quanto possível da natureza; despreza a harmonia, a cadência e o hemistíquio; tem a pronúncia clara, nítida e distinta, e sobre o resto não consultes senão o sentimento e o sentido. Se tiveres o senso justo e verdadeiro da dignidade, não serás jamais estultamente familiar nem ridiculamente afetada; de modo particular, se tiveres de interpretar poetas que têm cada um seu caráter e seu gênio.

Não sejas afetada em nenhuma maneira de ser. É detestável em todas as artes de imitação. Sabes porque nunca se conseguiu fazer um bom quadro de uma cena dramática? É que a ação do ator tem não sei que de afetado e de falso. Se, quando estiveres no palco, não acreditares estar só, tudo está perdido. Senhorita, não há nenhum bem neste mundo a não ser o verdadeiro; sê, pois, verdadeira em cena, verdadeira fora de cena.

Se houver nas cidades, nos palácios, nas casas particulares alguns belos quadros de história, não deixes de vê-los. Sê espectadora atenta em todas as ações populares ou domésticas. É ali que vais ver os rostos, os movimentos, as ações reais do amor, do ciúme, da cólera, do desespero. Que tua cabeça se torne um arquivo dessas imagens e fica certa de que, quando as apresentares em cena, todos as reconhecerão e te aplaudirão.

Um ator que não tem senso e discernimento é frio; aquele que não tem verve e sensibilidade é louco. É um certo tempero de bom senso e de calor que faz o homem sublime; tanto em cena como na sociedade, aquele que mostra mais do que sente faz rir em vez de comover. Não procures nunca, portanto, ir além do sentimento que tens; procura representá-lo de modo preciso.

(...)

Comporta-te bem; serás feliz se fores honesta.

IV

Fim de maio de 1766

(...)

Mas tu, será que não vais aprender nunca a conhecer bem aqueles em quem poderias depor tua confiança? Não esperes encontrar amigos entre os homens de tua condição. Trata tuas colegas com honestidade; mas não te ligues com nenhuma.

Quando a gente reflete nas razões que determinaram um homem a tornar-se ator, uma mulher a tornar-se atriz, no local onde o destino os apanhou, nas circunstâncias bizarras que os levaram ao palco, a gente não se surpreende mais que o talento, os costumes e a probidade sejam igualmente raros entre os comediantes.

Aí está uma coisa já decidida: a senhorita Clairon não volta mais aos palcos. O público acaba de ser um pouco compensado de sua perda por uma jovem[4], horrorosa de rosto, que é da feiúra mais amarga, cuja voz é sepulcral, que faz trejeitos, mas que se deixa, de vez em quando, penetrar tão profundamente por seu papel que faz esquecer seus defeitos e arranca todos os aplausos.

Como freqüento pouco, muito pouco os espetáculos, não a vi ainda. Seria levado a acreditar que poderia muito bem dever parte de seu sucesso ao ódio que as pessoas têm da senhorita Clairon. É menos uma justiça que se tributa a uma que uma mortificação que se quer impor à outra; mas tudo isso não passa de uma conjetura.

---

(4) Trata-se da senhorita Sainval que estreou no teatro em 1766, aos 21 anos; retirou-se de cena em 1779 (NT).

Exercita-te; aperfeiçoa-te. Há uma previsão que a teu retorno encontrarás o público disposto a te acolher e o palco sem nenhuma rival que possas recear.

Bom dia, senhorita. Porta-te bem e pensa que os costumes, a honestidade, a elevação dos sentimentos não se perdem sem alguma conseqüência para os progressos e a perfeição em todos os gêneros de imitação. Há muita diferença entre representar e sentir. É a diferença existente entre a cortesã que seduz e a mulher terna que ama e que se inebria a si mesma e ao outro.

(...)

V

Julho ou agosto de 1766

Não deixaria partir esta carta da senhora tua mãe, senhorita, sem acrescentar uma pequena pitada de amizade, de conselho e de razão.
(...)
Estuda sem cessar; nada de soluços, nada de gritos; dignidade verdadeira, desempenho firme, sensato, racional, justo, másculo; a maior sobriedade nos gestos. Contenção, porte é o que se deve representar durante três quartos do tempo.

Varia teus tons e tuas entonações, não segundo as palavras, mas de acordo com as coisas e com as posições. Dá trabalho à tua razão, à tua alma, a tuas entranhas e poupa teus braços do mesmo. Principalmente, saber olhar, saber escutar; poucos comediantes sabem escutar. Não queiras sacrificar teu interlocutor. Ganharás alguma coisa talvez, mas a peça, a companhia, o poeta e o público vão perder com isso.

Que o teatro não tenha para ti nem fundos nem frente; que seja rigorosamente um local onde e de onde ninguém te vê. É preciso ter coragem às vezes para voltar as costas ao espectador; nunca deves lembrar-te dele. Toda atriz que se dirige a ele mereceria que se elevasse uma voz da platéia que lhe dissesse: "Senhorita, eu não estou aqui."

E, além disso, o melhor conselho, mesmo para o sucesso do talento, é ter bons costumes. Trata, pois, de ter bons costumes. Como há uma diferença infinita entre a eloqüência de uma mulher honesta e aquela de um orador que diz que não sente, deve haver a mesma diferença entre o desempenho de uma mulher honesta e aquele de uma mulher aviltada, degradada pelo vício, que despeja máximas de virtude. Além disso, achas que não há nenhuma para o espectador ao ouvir uma mulher honrada e uma mulher perdida?

Uma vez mais, não te deixes iludir por eventuais sucessos; em teu lugar, eu me preocuparia em fazer ensaios, em tentar coisas ousadas, a ter um desempenho que fosse meu. Enquanto tua ação teatral não se tornar uma rede de pequenas reminiscências, tu não serás nada. Quando a alma inspira, nunca se sabe o que se haverá de fazer, como se haverá de dizer; é o momento, a situação da alma que dita, esses são os únicos bons mestres, os únicos bons pontos.

Adeus, senhorita, comporta-te bem; arrisca incomodar por vezes os alemães para aprender a nos divertir.

VI

Fim de dezembro de 1766

É muito difícil, senhorita, te dar um bom conselho! Vejo quase igualdade de inconvenientes nas diferentes decisões que tens de tomar. É certo que a gente se estraga numa escola ruim e que não há senão vícios a acumular com comediantes viciosos. Não é menos verdade que aproveitarias mais aqui como espectadora do que em qualquer lugar da Europa como atriz. Entretanto, é o discernimento, é a razão, é o estudo, a reflexão, a paixão, a sensibilidade, a imitação verdadeira da natureza que sugerem as sutilezas de interpretação; e há defeitos grosseiros dos quais a gente pode se corrigir em qualquer lugar do mundo. Basta reconhecê-los perante si mesmo e querer livrar-se deles.

Eu te disse, antes de tua partida para Varsóvia, que tinhas contraído um tique habitual, que voltava a cada instante e que me era insuportável; e fiquei sabendo por meio de jovens senhores que te ouviram que não sabes te conter e que te deixas levar a um balanço do corpo muito desagradável. Com efeito, o que é que isso significa? Essa ação é desprovida de dignidade. Será que, para conferir veemência ao próprio discurso, é preciso jogar o próprio corpo até a cabeça? Há em toda parte mulheres bem nascidas, bem educadas, que podem ser consultadas e das quais se pode aprender a conveniência da postura e do gesto.

Eu não me preocuparia em vir a Paris a não ser no período em que tivesse feito progressos para aproveitar as lições dos grandes mestres. Enquanto eu reconhecesse em mim defeitos essenciais, ficaria ignorada e longe da capital. Se o interesse se juntasse ainda a essas considerações, se, por uma ausência de alguns meses, eu pudesse gozar de um bem-estar, de uma vida mais tranqüila e mais retirada, de estudos menos interrompidos, mais seguidos, menos distraídos; se tivesse pretensões a destruir, faltas a esquecer, um caráter a moldar, essas vantagens acabariam por me determinar. Pensa, senhorita, que não haverá maior talento que assegura os comediantes de Paris sobre os espinhos senão tua concorrência que eles receiam; e além disso, o público, que parece perder dia após dia seu gosto pela tragédia, é uma dificuldade igualmente assustadora tanto para os atores como para os autores. Nada é mais comum que as estréias infelizes.

Estuda, portanto, trabalha, ganha algum dinheiro; livra-te de teus grandes defeitos de teu desempenho e, depois, vem aqui ver a cena e passa os dias e as noites a te conformar com os bons modelos. Encontrarás realmente alguns homens de letras, algumas pessoas do mundo prontas a te aconselhar; mas não esperes nada dos atores nem das atrizes. Já não basta para elas o desgosto de sua condição sem ter de acrescentar ainda o desgosto das lições, ao sair do teatro, nos momentos que haviam destinado ao prazer ou ao repouso?

(...)

Obrigado por tuas deferências e faço votos muito sinceros para ti por tua felicidade e por teus sucessos.

VII

Janeiro de 1767

(...)

Mãe e filha[5] se sentiram infinitamente sensibilizadas com teus votos e com teus elogios; ficarão sempre felizes quando tiverem notícia de algo de agradável de tua parte. Sabes, quanto a mim, que se o interesse que tenho por teus sucessos, por tua saúde, por teu bem-estar, por tua sorte, pudesse servir para algo, não haveria em nenhum teatro do mundo mulher alguma mais honrada, mais rica e mais considerada. Nossos palcos franceses se empobrecem dia após dia; apesar disso, não te convido ainda a reaparecer por aqui. Parece que esse povo se torna tanto mais difícil com relação aos talentos, quanto os talentos são mais raros nele. Não estou surpreso; mais uma coisa confere distinção, mais se tem dificuldade em concedê-la.

A imperatriz da Rússia encarregou alguém daqui para formar uma companhia de teatro francesa; terias coragem de te transferir para Petersburgo e entrar a serviço de uma das mais surpreendentes mulheres que há no mundo? Responde a respeito.

Eu te saúdo e te abraço de todo o meu coração. Sacrifica às graças e estuda especialmente a cena tranqüila; ensaia todas as manhãs, como tua oração, a cena de Atália com Joás; e como tua oração da noite, algumas cenas de Agripina com Nero. Recita como oração final a primeira cena de Fedra e de sua confidente, e supõe que eu te escuto. Não ajas com afetação, de modo

---

(5) Diderot fala de sua esposa e de sua filha Angélica (NT).

particular. Há remédio para o artificial, o inflexível, o rústico, o duro, o ignóbil; mas não há para a mesquinhez nem para a afetação. Pensa que cada coisa tem seu tom. Demonstra por vezes ênfase, pois o poeta a tem. Não a demonstres tantas vezes como ele, porque a ênfase quase nunca está na natureza; é uma imitação exagerada dela. Se ouvires alguma vez que Corneille está quase sempre em Madri e quase nunca em Roma, rebaixarás com freqüência suas pernas-de-pau com a simplicidade do tom e seus personagens tomarão em tua boca um heroísmo doméstico, unido, franco, sem espalhafato, coisa que quase nunca possuem nas peças dele.

Se alguma vez ouvires dizer como a poesia de Racine é harmoniosa, compacta, tecida, cantante, e como o canto cadenciado combina pouco com a paixão que declama ou que fala, tu te aplicarás em nos ocultar sua extrema musicalidade; tu o aproximarás da conversa nobre e simples e terás feito um grande passo, um passo realmente difícil. Porque Racine sempre faz música, o ator se transforma num instrumento de música, porque Corneille se levanta sem cessar na ponta dos pés, o ator se ergue o mais que pode; isso quer dizer que se acrescenta sempre algo ao defeito dos dois autores. É o contrário que se deveria fazer.

Aí estão, senhorita, alguns preceitos que te envio como presente de fim de ano. Bons ou maus, estou certo que são novos; mas eu os acho bons. Garrick me dizia um dia que era impossível para ele representar um papel de Racine; que seus versos pareciam a grandes serpentes que enlaçavam um ator e o tornavam imóvel. Garrick sentia bem e falava bem. Estraçalha as serpentes de um, quebra as pernas-de-pau do outro.

VIII

Junho ou julho de 1767

Fiquei sabendo, senhorita, de todos os teus sucessos com o maior prazer. Mas, ao cultivar teu talento, procura também ter bons costumes.
(...)
Meus respeitos à senhora tua mãe. Uma vez mais, não é suficiente ser grande atriz, seria necessário também ser mulher honesta; sei como as mulheres o são nas demais condições de vida. Isso não é muito rigoroso. Pensa às vezes no estranho contraste da conduta da atriz com as máximas honestas dispersas de vez em quando em seu papel.

Um papel honesto desempenhado por uma atriz que não o é, me choca quase tanto como um papel de menina de quinze anos desempenhado por uma mulher de cinqüenta.

Bom dia, senhorita, comporta-te bem e conta sempre com minha amizade.

IX

Paris, 21 de fevereiro de 1768

Recebi, senhorita, tanto tua carta como aquela que vai servir para colocar em ordem tuas contas com o senhor Dumolard...

Tu és bem mais sábia do que eu pensava e me enganas agradavelmente. Eu sabia que o coração era bom; quanto à cabeça, não pensava que mulher no mundo tivesse jamais carregado sobre os ombros outra pior. Mas cá estou eu assegurado com teu futuro. Qualquer coisa que possa te acontecer, já providenciaste, para ti e para tua mãe, pelas necessidades prementes da vida.

(...)

Apresso-me em te tranqüilizar, apressa-te em me responder sobre as propostas que te faço em nome do senhor Mitreski, encarregado de montar aqui uma companhia de teatro. Sirvo-me das palavras adequadas e sabes, pelo valor que dou aos grandes talentos em qualquer gênero que seja, que minha determinação não é a de te humilhar.

Se eu tivesse a alma, o organismo e o porte de Quinault-Dufresne, amanhã mesmo subiria ao palco e me sentiria mais honrado em fazer derramar lágrimas ao próprio malvado, sobre a virtude perseguida, do que recitar num púlpito, de batina e de barrete quadrado, futilidades religiosas que não são interessantes senão para os tontos que nelas acreditam. Tua moral é de todos os tempos, de todos os povos, de todas as regiões; a deles muda cem vezes numa latitude muito restrita. Tem, pois, uma opinião justa de tua condição; é ainda um dos meios para nela ter êxito. É preciso em primeiro lugar estimar-se a si próprio e estimar as próprias funções. É difícil ocupar-se com dedicação de uma coisa que se menospreza. Prefiro os pregadores nos palcos que os pregadores instalados no púlpito.

Vê as condições que te são propostas para a corte de Petersburgo...

Bom dia, senhorita, aí estás no bom caminho. Persiste...

X

Paris, 6 de abril de 1768

Não fiques em Estrasburgo senão o mínimo possível, senhorita; teus negócios exigem tua presença aqui.
(...)
Escrevo-te às pressas. Estou desolado com tua aventura; mas estás chegando, nos veremos e discutiremos sobre teus negócios.
Bom dia, senhorita.
Uma palavra ainda. Não é coisa muito favorável apresentar-se aos comediantes franceses, estando do lado de Aufresne[6], que se separou deles descontente. Pensa nisso.
Comporta-te bem e vem.

---

(6) *Comediante genovês (1728-1806) que havia estreado na Comédie Française* em 1765; criou tantos problemas com seus colegas que teve de deixar a companhia; transferiu-se para a Prússia e depois para a Rússia, onde obteve grande sucesso (NT).

XI

Paris, 11 de julho de 1768

Não me persuadirás nunca, nunca, senhorita, que não foste tu mesma que atraíste sobre ti o desgosto que te colheu pelo caminho. Sempre que se quer ser respeitado pelos outros, deve-se dar exemplo a eles do respeito que se tem por si mesmo.

Cometeste outra indiscrição ao dar a essa aventura publicidade por meio de uma causa jurídica. Não percebes que é uma nova objeção que teus inimigos não faltarão de lançar contra ti se, por acontecimentos difíceis de prever, fores infelizmente obrigada a rever tua posição? E além disso, tu te referes a mim numa circunstância totalmente escandalosa. Meu nome pronunciado diante de um juiz não pode conferir melhor opinião a teu respeito e só prejudicar o bom conceito que se tem de mim.

(...)

Sê sábia, honesta, doce; uma injúria respondida a uma injúria feita são duas injúrias e a gente fica mais envergonhado com a primeira do que da segunda. Se não trabalhares sem descanso a moderar a violência de teu caráter, não poderás viver com quem quer que seja; serás infeliz; e ninguém, não podendo encontrar a felicidade contigo, seus mais belos sentimentos que tiver concebido por ti se extinguirão e se afastará de uma bela fúria de que não suportará ser atormentado. Dois amantes que ofensas grosseiras, ambos se aviltam.

Considera toda querela como um começo de ruptura. À força de destacar fios de um cabo, por mais forte que seja, acaba se rompendo. Se tiveres a felicidade de cativar um homem de bem, tem por ele todo o apreço; pensa que a doçura, a paciência, a sensibilidade são as virtudes próprias da mulher e que os prantos são suas verdadeiras armas. Se teus olhos se iluminarem, se os músculos de tuas bochechas e de teu peito se inflarem, se teus braços se retesarem, se as entonações duras de tua voz se elevarem, se saírem de tua boca palavras violentas, desonestas, injúrias grosseiras ou não, não és mais que uma mulher da rua, uma criatura horrenda para ver, horrorosa para ouvir, renunciaste às qualidades amáveis de teu sexo para assumir os vícios odiosos do nosso.

É indigno para um cavalheiro bater numa mulher; é pior ainda para uma mulher merecer esse castigo. Se não te tornares melhor, se todos os teus dias continuarem a ser marcados por loucuras, vou perder todo interesse por ti.

Transmite meus respeitos ao conde. Faz a felicidade dele, pois que ele se encarrega da tua.

XII

Paris, 16 de julho de 1768

Escreveste à senhora tua uma carta tão dura quanto pouco merecida...
(...)
Sê amável, particularmente muito doce e muito honesta. Tudo isso permanece. Se negligenciares uma dessas qualidades, será difícil ter as duas outras.

XIII

Paris, 10 de setembro de 1768

Senhorita, não poderia te aprovar nem te censura sobre tua reconciliação com o senhor conde. Ele está muito incerto se tu és feita para a felicidade dele e ele para a tua. Tu tens teus defeitos que ele nunca está disposto a te perdoar; ele tem os seus, pelos quais tu não tens nenhuma indulgência. Parece que ele próprio se ocupa em destruir o feito de sua ternura e de sua benevolência. Acho que, de tua parte, falta pouca coisa para ulcerar teu coração e para te levar a uma decisão violenta. Por isso não ficaria surpreso se, no mento em ambos receberem minha bela exortação para a paz, já não estariam ambos em plena guerra. Deves, portanto, esperar o resultado das promessas dele e de tuas resoluções. É o que eu faço, sem ficar indiferente com relação à sorte dos dois.

(...)

Assim, nenhuma demora em responder a todos os assuntos tratados em minha carta; e procura ser sensata, racional, circunspecta e aproveitar a lição do passado para tornar o futuro melhor.

XIV

21 de novembro de 1768

Senhorita, vou responder tuas duas últimas cartas...
(...)
Envio saudações e te abraço. A ordem que começaste a fazer em teus negócios e o olhar, o primeiro talvez de tua vida que lançaste para o futuro, me dá boa, melhor opinião de tua cabeça.
Sê sábia e serás feliz.

XV

Paris, 10 de fevereiro de 1769

Comecemos, senhorita, colocando em dia tuas contas.
(...)
Assim, eis que estás suficientemente garantida contra todos os acontecimentos tristes da vida. Estás usufruindo de um rendimento honesto de que nada pode te privar. Sei muito bem qual é a vida que a felicidade e a razão deveriam te ditar; mas duvido que seja de teu projeto e de teu caráter te submeter a ela: mais espetáculos, mais teatro, mais dissipações, mais loucuras; um pequeno apartamento em bons ares e em algum recanto tranqüilo da cidade; um regime sóbrio e sadio; alguns amigos de convivência segura; um pouco de leitura; um pouco de música, muito exercício e passeios; isso é o que gostarias de ter feito quando não haverá mais tempo.

Mas deixemos isso; estamos todos nas mãos do destino que nos conduz a seu bel-prazer, que já te balançou muito e que não tem o ar de te conceder tão cedo o repouso. Tu és infelizmente um ser enérgico, turbulento e nunca se sabe onde está a sepultura desses seres. Quem te tivesse dito, na idade de quatorze anos, todos os bens e todos os males que terias experimentado até agora, não terias acreditado nele. O resto de teu horóscopo, se fosse possível prevê-lo, te pareceria igualmente incrível e isso te é comum com muitos outros.

Uma menina ia regularmente à missa com touca lisa, de saia curta e leve. Era feliz como um anjo; chegava aos pés do altar com as duas mãozinhas mais belas do mundo. Entretanto, um homem poderoso a cobiçava, ficava louco por ela e a fez mais tarde sua esposa. Lá estava ela rica, honrada; lá estava ela cercada de tudo o que há de melhor na cidade, na corte, nas ciências, nas letras, nas artes; um rei a recebeu em seu palácio e a chama de mamãe[7].

Uma outra, vestindo anáguas curtas, saia apertada, trabalhava fritando peixes numa estalagem; jovens libertinos levantavam sua saia curta na parte posterior e a acariciavam com toda a liberdade. Ela sai de lá; circula na sociedade e sofre toda espécie de metamorfoses até chegar à corte do soberano. Então uma capital inteira ecoa seu nome; uma corte inteira se divide a favor e contra ela; ela ameaça os ministros por uma queda iminente; coloca quase a Europa em movimento. E quem sabe todos os outros passatempos ridículos desse tipo? Faz tudo o que lhe apraz. É pena que lhe agrade tão raramente tornar pessoas felizes.

(...)

Bom dia, senhorita, comporta-te bem. Sê circunspecta; nas estragues tua própria felicidade e acredita que a verdadeira recompensa daquele que merece nossos agradecimentos está nos pequenos serviços que nos presta.

Com minhas saudações te abraço. Meus respeitos ao senhor conde.

---

(7) Diderot contra brevemente a história da senhora Geoffrin (1699-1777) que, viúva ainda jovem, montou um espaço cultural a que acorriam escritores e estudiosos, tornando-se famoso em toda a Europa; Stanilas Poniatowski, que a chamava de mãe, a convidou para residir em Varsóvia após ter subido ao trono do reino da Polônia (NT).

XVI

Paris, 24 de março de 1769

Fico infinitamente agradecido, senhorita, pelo enorme pernil que me mandaste. Não será provado sem beber à tua saúde com a senhora tua mãe.

Meus respeitos ao senhor conde.

Cultiva teus talentos. Não te peço os costumes de uma vestal, mas aqueles sem os quais ninguém deve viver: um pouco de respeito por si mesmo.

É preciso colocar as virtudes de um cavalheiro em lugar dos preconceitos aos quais as mulheres estão sujeitas.

(...)

Se dedicares o devido tempo à reflexão, nunca farás o mal e só farás o bem que convém à tua situação. Nunca serás má e serás boa na justa medida.

(...)

Com minhas saudações te abraço de todo o meu coração.

XVII

Paris, 11 de maio de 1769

Senhorita, recebi tua letra de câmbio de quatro mil francos; e essa soma foi aplicada imediatamente a juros. Receberás os rendimentos a contar de primeiro de janeiro desse ano.

(...)

Fico feliz por teres estreado com sucesso, pois não há praticamente aplausos contínuos que possam compensar a fadiga e os desgostos de tua condição. Minha intenção não é de te desencorajar nem de desmerecer um momento feliz; mas pensa, senhorita, que há muita diferença entre o público de Bordeaux e o de Paris. Quantas vezes não ouviste dizer de uma mulher que cantava, e que cantava muito bem, estando mesmo acima da Le More[8]? Que diferença, entretanto, quando colocadas uma ao lado da outra no palco, ao serem comparadas. É aqui, em cena com a senhorita Clairon ou com a senhorita Dumesnil que eu gostaria que tivesses obtido de nossa platéia os elogios que te são feitos em Bordeaux. Trabalha, portanto. Trabalha sem cessar. Julga-te a ti mesma severamente. Acredita menos nas palmas de teus provincianos que no testemunho que te darás a ti mesma. Que confiança poderias ter nas aclamações de pessoas que ficam mudas nos momentos em que sentes que representas bem; pois não duvido que isso não tenha ocorrido contigo senão vez por outra. Aperfeiçoa-te particularmente na cena tranqüila.

---

(8) Catherine Lemaure (1704-1786) estreou no *Ópera* de Paris em 1730 e saiu de cena em 1743, após brilhante carreira como cantora (NT).

Cuida de tua saúde. Faz com que te respeitem; mostra-te sensível aos procedimentos honestos. Recebe-os, quando te forem devidos, como se fosse por deferência que te são concedidos. Mantém-te acima das injúrias e nunca respondas a elas. As armas da mulher são a doçura e a graciosidade, e ninguém resiste a essas armas.

(...)

Começo a me tranqüilizar sobre tua sorte futura.

Recebe meus votos e os protestos de minha mais sincera amizade.

XVIII

Paris, 15 de julho de 1769

Todos os teus negócios, senhorita, estão em perfeita ordem.
(...)
Trabalha; não te contentes com teus sucessos. Presta menos ouvidos àqueles que te aplaudem que àqueles que te criticam. Os aplausos vão te deixar onde estás. As críticas, se delas aproveitares, vão corrigir teus defeitos e aperfeiçoar teu talento. Tira proveito de sua má vontade.

Ameniza teu caráter violento. Procura suportar uma injúria; é o melhor meio de rechaçá-la. Se, de outro modo, responderes com o desprezo, tu te colocarás no mesmo nível que aquele que te ofendeu. De modo especial, faz de tudo para te tornar agradável a teus colegas.

Eu te doutrinei tanto sobre os costumes e minha moral é tão fácil de ser seguida, que não me resta mais nada a dizer sobre isso.

Com minhas saudações, te abraço de todo o meu coração.

XIX

26 de julho de 1769

(...)
Paris não ignora teus sucessos e acredito na sinceridade dos aplausos que obténs em Bordeaux; mas é aqui, repito, que gostaria de ver as coroas da platéia cair a teus pés.

Renovo-te todos os meus velhos sermões e sou todo teu,

Diderot.

XX

1769

Comecemos, senhorita, por arrumar nossas contas; em seguida falaremos de outra coisa.
(...)
Meus respeitos ao senhor conde. Empenha-te na felicidade dele, pois ele quer realmente se empenhar pela tua. Com minhas saudações te abraço de todo o meu coração.
P.S.
Nós nos alegraremos sempre com teus sucessos.
(...)
Bom dia, senhorita. Continua sendo bondosa.

COLEÇÃO GRANDES OBRAS DO PENSAMENTO UNIVERSAL

1 – ASSIM FALAVA ZARATUSTRA – *Nietzsche*
2 – A ORIGEM DA FAMÍLIA, DA PROPRIEDADE PRIVADA E DO ESTADO – *Engels*
3 – ELOGIO DA LOUCURA – *Erasmo de Rotterdam*
4 – A REPÚBLICA (PARTE I) – *Platão*
5 – A REPÚBLICA (PARTE II) – *Platão*
6 – AS PAIXÕES DA ALMA – *Descartes*
7 – A ORIGEM DA DESIGUALDADE ENTRE OS HOMENS – *Rousseau*
8 – A ARTE DA GUERRA – *Maquiavel*
9 – UTOPIA – *Thomas More*
10 – DISCURSO DO MÉTODO – *Descartes*
11 – MONARQUIA – *Dante Alighieri*
12 – O PRÍNCIPE – *Maquiavel*
13 – O CONTRATO SOCIAL – *Rousseau*
14 – BANQUETE – *Dante Alighieri*
15 – A RELIGIÃO NOS LIMITES DA SIMPLES RAZÃO – *Kant*
16 – A POLÍTICA – *Aristóteles*
17 – CÂNDIDO OU O OTIMISMO – O INGÊNUO – *Voltaire*
18 – REORGANIZAR A SOCIEDADE – *Comte*
19 – A PERFEITA MULHER CASADA – *Luis de León*
20 – A GENEALOGIA DA MORAL – *Nietzsche*
21 – REFLEXÕES SOBRE A VAIDADE DOS HOMENS – *Mathias Aires*
22 – DE PUERIS – A CIVILIDADE PUERIL – *Erasmo de Rotterdam*
23 – CARACTERES – *La Bruyère*
24 – TRATADO SOBRE A TOLERÂNCIA – *Voltaire*
25 – INVESTIGAÇÃO SOBRE O ENTENDIMENTO HUMANO – *David Hume*
26 – A DIGNIDADE DO HOMEM – *Pico della Miràndola*
27 – OS SONHOS – *Quevedo*
28 – CREPÚSCULO DOS ÍDOLOS – *Nietzsche*
29 – ZADIG OU O DESTINO – *Voltaire*
30 – DISCURSO SOBRE O ESPÍRITO POSITIVO – *Comte*
31 – ALÉM DO BEM E DO MAL – *Nietzsche*
32 – A PRINCESA DE BABILÔNIA – *Voltaire*
33 – A ORIGEM DAS ESPÉCIES (TOMO I) – *Darwin*
34 – A ORIGEM DAS ESPÉCIES (TOMO II) – *Darwin*
35 – A ORIGEM DAS ESPÉCIES (TOMO III) – *Darwin*

36 – Solilóquios – *Santo Agostinho*
37 – Livro do Amigo e do Amado – *Lúlio*
38 – Fábulas – *Fedro*
39 – A sujeição das Mulheres – *Stuart Mill*
40 – O Sobrinho de Rameau – *Diderot*
41 – O Diabo Coxo – *Guevara*
42 – Humano, Demasiado Humano – *Nietzsche*
43 – A Vida Feliz – *Sêneca*
44 – Ensaio Sobre a Liberdade – *Stuart Mill*
45 – A Gaia Ciência – *Nietzsche*
46 – Cartas Persas I – *Montesquieu*
47 – Cartas Persas II – *Montesquieu*
48 – Princípios do Conhecimento Humano – *Berkeley*
49 – O Ateu e o Sábio – *Voltaire*
50 – Livro das Bestas – *Lúlio*
51 – A Hora de Todos – *Quevedo*
52 – O Anticristo – *Nietzsche*
53 – A Tranqüilidade da Alma – *Sêneca*
54 – Paradoxo Sobre o Comediante – *Diderot*
55 – O Conde Lucanor – *Don Juan Manuel*

Futuros Lançamentos:

- Dicionário Filosófico – *Voltaire*
- Filosofia da Miséria – *Proudhon*
- A Miséria da Filosofia – *K. Marx*
- A Crítica da Razão Pura – *I. Kant*
- A Cidade do Sol – *Campanella*
- Dos Delitos e das Penas – *Beccaria*
- Aurora – *Nietzsche*
- Ecce Homo – *Nietzsche*
- Governo Representativo – *Stuart Mill*
- Utilitarismo – *Stuart Mill*
- Cartas Sobre os Cegos Endereçada Àqueles que Enxergam – *Diderot*
- Dos Três Elementos – *López Medel*

Impressão e Acabamento:
Oceano Ind. Gráfica – (11) 4446-6544

• 2006 •